U0454138

军校学员
学术道德规范读本

宋海龙　王永生　主编

JUNXIAO XUEYUAN

XUESHU DAODE GUIFAN

DUBEN

知识产权出版社

全国百佳图书出版单位

图书在版编目（CIP）数据

军校学员学术道德规范读本 / 宋海龙，王永生主编. —北京：知识产权出版社，2016.9

ISBN 978-7-5130-4470-7

Ⅰ.①军… Ⅱ.①宋… ②王… Ⅲ.①科学研究工作—道德规范—军事院校—教学参考资料 Ⅳ.①G644

中国版本图书馆CIP数据核字(2016)第222421号

责任编辑：段红梅　　　　　责任校对：谷　洋

执行编辑：高　鹏　　　　　责任出版：刘译文

军校学员学术道德规范读本

解放军信息工程大学　组织编写

宋海龙　王永生　主编

出版发行：知识产权出版社 有限责任公司	网　　址：http：//www.ipph.cn		
社　　址：北京市海淀区西外太平庄55号	邮　　编：100081		
责编电话：010-82000860转8119	责编邮箱：duanhongmei@cnipr.com		
发行电话：010-82000860转8101/8102	发行传真：010-82000893/82005070/82000270		
印　　刷：北京科信印刷有限公司	经　　销：各大网上书店、新华书店及相关专业书店		
开　　本：720mm×1000mm 1/16	印　　张：12.5		
版　　次：2016年9月第1版	印　　次：2016年9月第1次印刷		
字　　数：180千字	定　　价：42.00元		

ISBN 978-7-5130-4470-7

编 委 会

主　编　宋海龙　王永生

副主编　闫鸿斐　吴一敏　黄　伟　方青坡

编　委　吴一敏　黄　伟　宋海龙　王永生　方青坡　闫鸿斐

　　　　刘金芝　秦艳平　王志远　左　娟　张　晨　陈　露

　　　　张　薇　师全民　董国旺

学术道德作为学术界的职业道德，是指学术活动主体在进行学术研究、学术评价（审）、学术奖励等学术活动中处理个人与他人、个人与社会等关系时所应遵循的行为准则和规范。

学术道德具有"学术力"：从个人视角看，学术道德有助于树立学术创新意识，提升创新能力；从集体视角看，学术道德有助于实现学术良性竞争，推动学术研究合作，实现资源优势互补，多出创新成果；从国家的视角看，学术道德有助于实施创新驱动发展战略，提升国家的创新实力和综合国力。学术道德具有"道德力"：一是道德的示范力，高尚的学术道德具有正能量，杰出学者作为公众人物，其道德品格会嬗变为学界的道德标准；二是道德约束力，严格的学术道德规范使人不敢违规，视违规为高压线；三是道德引领力，遵守学术道德的价值观使人不愿违规，以守规为荣，对良好社会风气的形成具有引导作用。

国无德不兴，人无德不立。了解和遵守学术道德不仅是学者、专家及广大科技工作者的座右铭，也是每位立志献身学术事业的莘莘学子的必修课。对于军校学员而言，学术道德养成尤为重要，不仅是端正学风、研风，争当优秀学员的基本途径，而且是塑灵魂、长本事、铸血性、育道德，成为新一代"四有"革命军人的基本要求。

本书是在解放军信息工程大学科研部领导的具体指导和大学学术道德委员会专家们的热情帮助下完成的。全书共分为三篇九章，其中，规范篇包括第一章、第二章，主要从理论上探讨了学术道德的内涵、结构以及学员学术道德的基本内容；楷模篇包括第三章、第四章、第五章，由远及近，介绍了古之圣贤、今之精英及身边院士的感人事迹；警示篇包括第六章、第七章、第八章、第九章，主要揭露了诺贝尔奖评选、院士评选、重大科技奖项评选以及日常学术活动中所出现的典型学术腐败现象。

由于作者水平有限，加上参考资料少、写作时间紧，书中难免存在许多不足之处。我们真诚地期待读者的准确批评和宝贵建议，恳切希望您将具体意见告诉我们，以便于本书的修订，再次感谢。

作者

2016年5月

目录
abstract

警示篇

规范篇

　　学术道德是主体在学术活动中处理个人与他人、个人与社会等关系时所应遵循的行为准则和规范的总和。学术道德规范是对学术工作者从思想修养和职业道德方面提出的要求，它是学术道德的核心内容。学员学术道德是指在军事院校学习、深造或参加任职培训的学员在进行学术活动时所应遵循的行为准则和规范。学员学术道德由学术道德意识、学术道德认知、学术道德情感、学术道德品质、学术道德信仰、学术道德智慧及学术道德实践等基本要素构成，体现了求真务实、谦逊自信、诚信尊重、继承与创新、协作与淡泊及勤勉与奉献等基本要求。学员在知识学习、实验操作、论文撰写、项目科研、学术交流以及学术奖励评选等学术活动中均应遵守相应的学术道德规范要求。

第一章 学员学术道德的概念

学术活动作为人类社会活动的重要组成部分，与人类其他社会活动一样，在社会发展中深受社会道德的影响。学术道德是一种职业道德。学员学术道德是学术道德的一种特殊形态，是学员进行学术研究活动应恪守的基本伦理规范。揭示学员学术道德规范的含义和特征对理解学术道德进而加强学术道德建设有着特殊的意义。

第一节 学员学术道德的含义和特征

学员学术道德的含义和特征是对学员学术道德的内涵与外延的提炼概括，是学员学术道德研究的基点，也是学员了解、掌握和践行学术道德的起点。

一、学员学术道德的基本内涵

学员学术道德是指在军校学习、进修或参加任职培训的学员在进行学术研究活动的整个过程及成果评价中，为了处理好各种学术关系所应遵循的行为准则和规范的总和。

军校学员是指根据军队建设需要，由军队院校从参加国家或军队组织的统一招生考试中录取、毕业后由军队统一分配的学生。军校学员按层次可以分为干部学员、生长干部学员及士官学员。干部学员主要指任职培训学员（学制一个月、三个月、半年不等）和军校招收的在读硕士、博士研究生学员；生长干部学员主要指军校从普通中学毕业生和士兵中招收的本科或专科学员。军校学员身份的特殊性，决定了他们在参与学术研究和学术活动时，除了要遵循一般学术道德和学术规范外，还要遵守军队在学术研究方面的一些特殊规定和要求。比如，军队科研项目涉及国家和军队机密的，在参与学术研究和学术活动时必须遵守军队的保密规定，在成果发表、成果应用方面严格遵守军队的相关保密规定，不得违反国家军队的各项制度规定。此外，军队的精神文明建设要走在全社会前列的要求，也决定了军校学员在参与学术研究和学术活动时，还要遵守比一般社会群体要求更为严格的学术道德，以引领学术研究的正确方向。

参照教育部《关于严肃处理高等学校学术不端行为的通知》（教社科〔2009〕3号）、《中国人民解放军保密条例》《中国人民解放军院校招生工作条例》、教育部《关于加强学术道德建设的若干意见》等文件精神，结合教育部出台的《高等学校学生行为准则》中第三条、第五条等相关内容，军校学员学术道德的具体内容可界定为：实事求是、追求真理；善于继承、勇于创新；勤奋求知、严谨治学；诚实守信、尊重他人；求真务实、反对弄虚作假；严守军队纪律、保守军事秘密等。学员学术道德的形成，依赖于外在的学术道德规范的约束，以及通过学习教育，经自身的认识实践内化为自觉的道德自省。

教育部《关于严肃处理高等学校学术不端行为的通知》

二、学员学术道德的主要特征

军校学员是军事科学研究的预备队和生力军，革命军人和准科技工作者的双重身份决定了其学术道德的特殊性。

（一）内容的基础性

学员学术道德内容的基础性，首先表现在学术道德内容要求的基础性上。比如"实事求是、反对弄虚作假""诚实严谨地与他人合作""搜集、发表数据要确保有效性和准确性""坚持真理""尊重合作者和他人的劳动和权益"等内容，这些处理学术研究和学术活动中最基础和最一般的学术道德行为准则和规范，是保证学员学术活动正常进行的一种低层次的道德要求，也是学员必须遵守的基本学术道德规范。其次表现在学术道德内容发展的延伸性上。学员经过本科阶段的学习教育，有的走上工作岗位，有的选择攻读研究生。攻读研究生的学员，在本科阶段学习期间形成的学术道德将有助于其在学术研究领域中做出更大成绩，并发展成为更高层次的学术道德。走上工作岗位的学员，即使从事与学术研究关联不大的工作，但学术道德中实事求是、反对弄虚作假、诚实严谨等基本内容，也会成为其道德基础，并促进他们整体道德水平的提升。

（二）调控的渐进性

学员在学习的不同阶段，有机会参与不同级别、不同种类的学术活动。一般情况下，低年级学员主要参加一些常规性的学习活动，严格的规范性的学术活动参与不多；进入高年级后，大多数学员则要尝试一些诸如撰写小论文、课程设计等规范性的学术活动，一定程度上、一定范围内还可能参加校内外、军内外组织的学术研讨；毕业前，学员还要作毕业设计及撰写毕业论文。这些由浅入深的学术活动为学员接触、了解、掌握和践行学术道德提供了条件，使得学员的学术道德表现出调控的渐进性特征。

（三）内化的自律性

学员接受学术道德他律制约和规范的过程，是学习和熟悉学术道德规范，并不断内化为自身学术道德品质和学术道德规范意识的过程。随着学业深入和学术道德知识的不断学习，学员学术道德的他律会逐渐转化为自律，呈现出自律性特征。一方面，在学习过程中，学员会逐步认识到遵守学术道德是立身处世、学业精进、获得创新性成果的根本保证，只有将学术道德要求内化为学术道德行为，才能实现学术道德的"知"与"行"的有机统一。另一方面，随着对学术道德规范的深入理解和情感认同，学员开始主动学习和自觉遵循学术道德规范的相关要求，从而能对具体的学术道德问题做出正确评价，并能正确处理学术研究中的一些利益关系。

第二节　学员学术道德的构成要素和基本要求

军校学员学术道德是由多种要素构成的有机整体，对学员在校期间开展学术活动提出了基本要求。

一、学员学术道德的构成要素

一般而言，学员学术道德的构成要素包括学术道德意识、学术道德认知、学术道德情感、学术道德品质、学术道德信仰、学术道德智慧和学术道德实践等。它们之间相互联系、相互作用，形成了学员学术道德的内在结构。

（一）学术道德意识

学员学术道德意识包括学员学术道德规范意识和学员学术道德思想意识。前者主要指学员在从事学术研究的过程中应当遵守的行为准则，其主要作用是指导学员调整学术活动中的利益关系，从而保证其正常的学术交流，提高学术水平，实现学术积累和创新。后者主要是指学员内化学术道德规范的结果，即业已形成的学术道德观念、学术道德情感、学术道德信念、学术道德意志、学术道德理想等，其主要作用是判断学术活动的是非善恶，为学术道德行为提供内在动力。

（二）学术道德认知

学术道德认知是在学术活动中对现实道德关系和道德规范的认识，包括道德印象的获得、道德概念的形成和道德思维能力的发展等。学员在学术活动中虽然对如何处理与研究对象的关系、如何使用已有相关成果、如何与同学同行进行学术交往、如何适应学术界的现状等具有感性认识，但是缺乏对这些感性材料进行思维加工和价值评判的理性认知，自身对外部环境影响的抵抗力较弱，急功近利，不愿苦修学术以及存在投机取巧侥幸心理，在撰写毕业论文时容易出现学术道德失范行为，其学术道德认知水平需要提升。

（三）学术道德情感

学术道德情感反映的是个体学术需要及其学习和从事学术活动的价值倾向，基本功能是为学术思考和学术活动提供心理上的动力。列宁说："没有'人的感情'，就从来没有也不可能有对真理的追求。"[1]缺乏情感因素，不仅会缺少从事学术道德活动的动力，也会缺乏学术道德品质的个性和特点。学术道德情感从内容上可分为学术道德义务感、学术道德良心感、学术荣辱感等。其中，学术道德义务感处于学员学术道德发展和形成的初级阶段，是学员对外在学术权威、学术传统和学术文化的尊重；学术道德良心感是在学习和学术活动中形成的对自己学术行为的是非、善恶和应负的道德责任、道德使命的自觉意识；学术荣辱感是学术行为评价所激起的主体的荣誉感或耻辱感。

（四）学术道德品质

学术道德品质是学员在其求学和治学过程中形成和表现出来的比较稳定的一贯的道德特点和道德倾向，是学术道德原则和道德规范在军校学员个人思想、行为中的体现。作为学术道德的核心要素，对学员学术行为的发动起着指导作用，对学术行为实施起着监督作用，对学术行为完成起着评价作用。作为新时代的军校学员要不断提升自身学术修养，严格自律，加强对学术规范的认知，把握学术道德的善恶标准，明确学术研究活动中的可为与不可为；要锻炼自己的学术道德意志，克服科学研究过程中的各种诱惑、困难和障碍，坚守科学活动中的伦理精神；要自觉地培养良好的学术道德行为习惯。

---

① 列宁. 列宁全集（第20卷）[M]. 北京：人民出版社，1956：255.

（五）学术道德信仰

学员学术道德信仰是其对学术道德的根本目标的信服和尊崇。虽然是处于学习阶段或从事初步的学术活动，但学员树立学术道德信仰的条件已经存在，学习的目的和从事学术活动的每一步骤都含有学术道德信仰所要求的元素，并且树立学术道德信仰可以为学员日常学习和从事学术活动指明正确的方向和努力目标。坚定学术道德信仰，需要正确认知学术道德根本目标，树立积极的道德情感，形成明确的态度上的倾向性，最后还需要坚强的毅力克服信仰途中的种种困难。[①]

（六）学术道德智慧

学员学术道德智慧是指在学术道德意识和学术道德行为方面，自觉按照军队的相关要求，所进行的自我锻炼、自我改造和自我提高等活动，以及经过这种努力所形成的相应学术道德情操和所达到的学术道德境界。近代国学大师王国维在《人间词话》中写道，古今之成大事业、大学问者，必经过三种之境界：第一种境界，"昨夜西风凋碧树，独上高楼，望尽天涯路"；第二种境界，"衣带渐宽终不悔，为伊消得人憔悴"；第三种境界，"众里寻他千百度，蓦然回首，那人却在灯火阑珊处"。北宋著名理学家张载认为，读书人为学的最高境界是"为天地立心，为生民立命，为往圣继绝学，为万世开太平"，只有达到如此之境界，才算得上拥有最高道德智慧。

（七）学术道德实践

学员学术道德实践是在学术道德规范约束下进行的学术活动，包括学术道德学习、学术道德行为、学术道德评价、学术道德修养和其他具有道德价值并应承担道德责任的活动。道德在本质上是一种实践理性，学术道德的价值最终体现在学术活动之中，是对学术活动秩序的规范和学术研

---

① 黄富峰，宗传军. 论研究生学术道德品质的构成要素[J]. 聊城大学学报（社会科学版），2011（05）：67.

究质量的提升。只有通过学术道德实践活动，才能检验、确证和完善自身的学术道德观念，使其原有的学术道德意识不断获得发展并上升到新的水平。

二、学员学术道德的基本要求

根据《中国人民解放军院校学员管理条例》《军人道德规范》以及教育部《关于加强学术道德建设的若干意见》《关于树立社会主义荣辱观进一步加强学术道德建设的意见》《高等学校学生行为准则》等有关文件精神，军校学员学术道德的基本要求是在求学、治学过程中具有求真务实、善于继承、勇于创新、勤奋求知、严谨治学、诚实守信、淡泊名利、尊重他人等良好的学术道德品质和学术道德操守。

（一）求真与务实

求真，即追求真理。求真不仅是要如实反映事物的现象，更是要揭示事物的本质和规律。求真之"真"，既是指真实存在的客观事物及其规律，又是指正确反映客观事物及其规律的科学真理。一个求"真"的人，要把学术品德的培育置于提高个人学术素养各项工作的首要位置，融入个人学习生活的各个方面。要从头做起，从小事做起，逐步养成端正做人、认真做事的习惯。如果一个人在平时就抄袭作业（包括从网上下载），在考试时违纪作弊，他就很难做到学术态度端正、学术行为规范，也就很难在学术上有所成就。这是不言而喻的。[①]务实，即脚踏实地，按客观规律办事。"求真务实"即是实事求是、追求真理。关于实事求是，毛泽东曾在《改造我们的学习》中明确指出："'实事'就是客观存在着的一切事物，'是'就是客观事物的内部联系，即规律性，'求'就是我们去研究。"实事求是必然要追求真理；追求真理就是坚持实事求是。对于我们学员来说，实事求是、追求真理，就是在学习中认真钻研、专心探索，不断探索未知领域，不断积累科学知识。在科研工作中，每一个实验过程、

---

① 田心铭.论求真务实[J]. 高校理论战线，2004（02）：9-11.

每一条实验记录、每一个实验结果都来不得半点马虎，都需要如实记录，仔细整理，认真分析，才能得出结论。

华罗庚说过："科学是老老实实的学问，来不得半点虚假。"只有坚持实事求是、追求真理，才有可能获得真知。反之，如果在学习中缺少实事求是的精神、缺乏追求真理的动力，就不能正确对待已知、未知，当然也无法获得真知。

（二）谦逊与自信

自信是促使人向上奋进的内部动力，往往能促使年轻人打破传统思维的羁绊，表现出一种敢想敢干的创新精神。像牛顿打破亚里士多德的教条，把天地统一为自然整体，发现了万有引力定律；爱因斯坦打破时空观的绝对性，创立了相对论。有趣的是，科学史上不少科学家，本来已经叩响了真理的大门，由于缺乏勇气、自信，结果因半步之差，不得入内，遂成千古憾事。1936年，施特拉斯曼在用中子照射钡时，事实上已经独立发现了核裂变现象，但直到1938年哈恩对外公布发现铀核裂变时，施特拉斯曼才意识到当年发现的重大价值，他之所以与重大发现失之交臂，皆缘于过分迷信核物理学权威梅特纳关于核裂变的否定性结论。

科学的自信心，总是伴随着谦逊精神而存在的。作为重要的科学道德规范，谦虚精神是科学、勤奋、扎实的学风，坚强勇敢、锲而不舍、吃苦耐劳的品质，表现在对己对人的态度中的谦虚、不自满等思想和行为，也表现在敢于坚持真理，修正错误。著名的"恒星天文学之父"——赫歇尔，在建立他的银河系结构模型时，曾采用了三个假设使问题简单化，后经过实验检测与观察，发现了与假设不相符的事实。他先后对假说提出怀疑，并判断其中两个假设有错误，进而否定了自己多年苦心建立的银河系结构模型。谦逊的科学价值正在于此处。

（三）诚信与尊重

"诚信"一般指诚实、守信、不欺骗、不弄虚作假、言行与思想一致。在英语中，诚信除了"正直、诚实，不搞欺骗、权术、虚伪和各种肤浅的手法"等含义外，还有"坚定地按照道德、艺术或其他价值准则办事"的意思。学术诚信，也称为科研诚信、科学诚信，指在科研工作中要实事求是、不欺骗、不弄虚作假，还要恪守科学价值准则、科学精神以及科学活动的行为规范。学员的学术失信一般表现为平时作业、毕业论文抄袭，考试作弊。当今学术界反映最强烈、最为严重的学术诚信缺失行为就是抄袭与剽窃行为。有人把这种现象称为"学术蝗祸"。剽窃他人的科研成果，抄袭别人的科研论文，不研读书目，不认真开展相关研究，东拼西凑，应付了事。甚至从网络上直接下载，稍加修饰直接上交或者发表。[1]

尊重他人劳动和权益，是以诚实守信为基础的。缺少诚实守信的品格，很难做到尊重他人。尊重他人劳动和权益表现为两个方面：一方面是尊重他人创造的劳动成果。学员在参加一些带有创造性的学术活动，如写课程论文、毕业论文时，出于需要不可避免地要借鉴他人的一些成果，这本身并无可厚非。但是，如果缺少诚信，不言明自己论文中哪些是他人的观点或贡献，或干脆把他人的劳动成果窃为己有，这就不是尊重他人劳动和权益的表现了。另一方面是尊重他人的劳动过程。如教员在课堂教学、课后批改作业、批改考试试卷等教学活动中，耗费了教员大量的心血。尊重教员的劳动就应该如实地向教员反馈真实的学习情况，以便于教员对学员在学习中存在的问题有清晰的了解，从而使教员的劳动取得更大的效

规范篇

011

---

① 刘青. 浅析当前研究生学术道德失范现象[J]. 忻州师范学院学报，2009（02）：105–108.

益。那种用作伪、作弊的方式对待学习，本身就是不尊重教员的劳动，不仅浪费了教员的时间，而且也亵渎了教员从严治教的精神。

把诚实守信、尊重他人作为军校学员的学术道德，就是要求我们学员在求学、治学过程中老实做人、认真做事。在运用他人劳动成果时自觉遵守学术规范；尊重教员劳动，讲诚信、不欺人，杜绝学习作假、考试作弊。[1]

（四）继承与创新

学术研究的继承性是指科研是传承、连续、终身学习的不断的认识过程，是研究者一代一代进行探索、不断发现真理并累积科学知识的过程。任何人的任何科研活动，究其本源都是站在前人的肩膀上向上不断攀登的过程。爱因斯坦曾说过，要记住，你们在学校里所学到的那些奇妙的东西，都是多少代人的工作成绩，都是由世界上各个国家里的热忱的努力和无尽的劳动所产生的。这一切都作为遗产交到你们手里，使你们可以领受它，尊重它，增进它，并且有朝一日又忠实地转交给你们的孩子们。这样，我们这些总要死的人，就在我们共同创造的不朽事物中得到了永生。许多人都以为牛顿是从苹果落地中触发"灵感"，一下子悟出万有引力定律的。其实，科学研究既没有这样神奇，也没有这样简单。正如牛顿说的："如果我所看到的，我所发现的要比笛卡尔和培根远大一点的话，那是因为我站在巨人的肩上的缘故。"[2]

学术研究的创新性是指研究者创造性地解决学术问题。学术研究的生命在于创新，科学发展总是通过不断的创新来实现的，而所有的创新又都是在批判继承传统的基础上进行的。雏凤清于老风声，后人能够超越前人，是因为站在前人的终点起跑，所以继承是创新的基础。居里夫人是在伦琴发现X射线和贝克勒尔发现铀放射线的基础上发现镭的，所以贝克勒

① 杜晶波. 论大学生学术道德的基本内涵和特征[J]. 理论界，2006（07）：183–184.
② 陈统渭. 站在巨人的肩上—谈自然科学的继承和创新[J]. 实事求是，1987（01）：114.

尔与居里夫妇共享了1903年物理学诺贝尔奖；居里夫人的女儿伊来纳、女婿约里奥也正是继承和发展了母亲对人工放射性的研究，才成功测定了放射性元素的半衰期和进行放射性的合成，并因此获得1935年诺贝尔奖的。

没有继承，就无法开始真正的科学研究；没有继承，也不可能有真正意义上的创新。学术研究只有建立在他人研究成果的基础上，吸收他人成果和思想精华，才能做到推陈出新。把善于继承、勇于创新作为军校学员学术道德的重要内容，就是要求学员在学习过程中积极、主动地学习，不断攀登科学高峰。正如马克思所说："在科学上没有平坦的大道，只有不畏劳苦沿着陡峭山路攀登的人，才有希望达到光辉的顶点。"[①]

（五）协作与淡泊

协作是人类社会生活中特有的行为表现，也是科学道德的要求。科学越发展，综合研究的协作性越强。美国科学家朱克曼对诺贝尔奖获得者的研究表明，在设诺贝尔奖的头25年，合作获奖人数占11%，在第二个25年里这一比例上升到65%，而第三个25年则又上升到79%。这一数字表明，科技综合性发展日益增强，提出了对科学家群体协作攻关的新要求。当今时代许多学术研究都不是单兵作战，而是集体活动，是由学术共同体完成的。在分工日益精细的当今社会中，无论个人能力有

居里夫人和女儿

---

① 马克思，恩格斯. 马克思恩格斯全集（第44卷）[M]. 北京：人民出版社，2001：24.

多强，知识有多渊博，都不容易单靠个人力量取得成功。叔本华曾说过："单个的人是软弱无力的，就像漂流的鲁宾孙一样，只有同别人在一起，他才能完成许多事业"。团结协作是一切事业成功的基础，个人和集体只有依靠团结的力量，才能把个人的愿望和团队的目标结合起来，产生1+1＞2的效果。同样，军校学员在学习和科研活动中也需要这种团结协作精神。一匹狼并不可怕，但一群狼就具有强大的攻击力，几乎战无不胜。狼的团结协作精神完全可以应用到科研活动中。

在"尊重知识、尊重人才"已经成为社会风气的大环境下，那种不顾国家、社会和他人的利益，损人利己、损公肥私、追名逐利的举止，应该为人所不齿和唾弃，应该提倡、继承和发扬淡泊名利的传统美德。对待名利，人们有不同的态度：一种是追名逐利，一种是淡泊名利。居里夫人一生两次获得诺贝尔奖，得过各种奖金10次，各种奖章16枚，名誉头衔117个。当她获得第一次诺贝尔奖之后，毅然将100多个荣誉称号统统辞掉，专心研究，结果又荣获第二次诺贝尔奖。居里夫人对待荣誉的态度，成为后人学习的楷模。对名利采取谦让、淡然态度的学者、教授、科学家、作家、技术专家在中国也不乏其人。

钱钟书先生学贯中西，著有《谈艺录》《管锥编》《围城》《宋诗选注》等皇皇巨著，有"博学鸿儒""文化昆仑"之美誉。一位美籍华人新闻记者要采访他，被他拒之门外；他把《写在人生边上》重印的稿费全部捐献给中国社会科学院文学研究所；电视剧《围城》的稿费全捐给了国家；国外有许多地方重金聘他，皆被

钱钟书与夫人杨绛

婉言拒绝。他对一位年轻人说："名利地位都不要去追逐，年轻人需要的是充实思想，要多层次、多方位去思维。"钱钟书惜时如金，甘于寂寞，淡泊自守，不求闻达，视名利如浮云，表现出一个知识分子高尚的精神和品格。[①]

（六）勤勉与奉献

古人云："业精于勤荒于嬉，行成于思毁于随。"勤奋求知是学术研究的重要品格，是学员学业有成的重要保证。面对浩瀚无垠的知识海洋，学员只有发扬勤奋求知的精神，才能不断求得真知。在学习过程中学员会遇到重重困难，面对困难只有发扬坚忍不拔的精神，百折不挠，才有可能获得真知。学员要在学业上取得成就，还必须发扬严谨治学的优良学风。严谨治学就是对学习一丝不苟、精益求精。学员在学习过程中，如果没有严谨的学风，就难以发现隐藏在事物背后的真知。同时，无论是听课、做实验，还是完成作业、发表学术见解，都要做到"严"字当头，不糊弄、不敷衍。[②]"立身百行，以学为基。"居里夫人早年在巴黎大学理学院学习时非常刻苦，为了学习废寝忘食，几次晕倒在实验室里，最终，她凭借不懈的努力取得了成功。

马克思曾说："科学绝不是一种自私自利的享乐。有幸能够致力于科学研究的人，首先应该拿自己的学识为人类服务。"[③]从事学术研究，只有怀着崇高的献身精神，才能在崎岖的荆棘小路上勇敢攀登，在外界诱惑面前保持定力。不错，从事学术研究的人也是食人间烟火的凡人，物质利益和工作条件是任何人都要考虑的，社会应当保障学术工作者在衣食无虞、基本小康的条件下工作。问题在于，有志于学术的人，从进入这个领域的第一天起，就要有比解决生计问题更高的精神追求，不能把学术领域当作

---

① 余忠泉. 还是要提倡淡泊名利[N]. 光明日报. 2003-02-20.

② 杜晶波. 论大学生学术道德的基本内涵和特征[J]. 理论界，2006（07）：183-184.

③ 习近平在中国科学院第十七次院士大会、中国工程院第十二次院士大会上的讲话[N]. 人民日报，2014-06-10（02）.

名利场。历史上有许多影响人类文明进程的杰出学术成果，其创造者得到的报酬和他的付出（包括智慧、心血乃至生命）是不相等的。学术研究是充满风险和艰辛，也具有极大吸引力和魅力的领域，而不是一条迅速致富的道路，想发大财的人，最好另寻捷径。[①]

---

① 姚桓. 做学问应先戒浮躁[N]. 学习时报，2013-07-21.

第二章 学员学术道德规范

　　学员是学术研究活动的有生力量，探讨学员应遵循的学术道德规范，培育学员学术道德素养，对于学员个人学术生涯的长远发展和大学学术道德建设都具有积极意义。从广义上说，学员在校期间所进行的一切活动，包括理论学习、实验操作、论文撰写、项目科研、学术交流及奖励申报等，都直接或间接地与学术活动相关，都存在着一定的学术道德规范要求。本章将主要依据教育部2005年3月颁发的《高等学校学生行为准则》、2010年国务院学位委员会发布的《关于在学位授予工作中加强学术道德和学术规范建设的意见》、2001年解放军原四总部颁发的《中国人民解放军院校科研管理暂行规定》以及我校2009年制定的《信息工程大学科研工作管理规定》、2010年制定的《科研学术道德规范及失范行为处理办法》等相关政策、法规、文件，参阅相关研究文献，结合我校实际，对学员在知识学习、实验操作、论文撰写、项目研究、学术交流以及学术奖励评选过程中应该遵守的学术道德规范进行讨论。

第一节　知识学习过程中的学术道德规范

　　知识学习是各层次学员尤其是本科学员的主要任务，也是学员参与学术研究活动的前提和基础。学习者应该对知识创造者满怀敬意，并将这种敬意贯彻落实到继承、创新、超越等学习环节中去。本节将重点探讨学员在课堂讨论、课后作业、课程考试等环节中应遵循的学术道德规范。

一、学习是获取知识的主要方式

　　学习是学员在校学习阶段的第一要务，是获取知识的基本途径，也是成为军之精英、国之栋梁的必由之路。大学是学习知识的黄金场所，这里有循循善诱的教员、堪为世范的大师，这里有窗明几净的教室、紧张活泼的氛围，这里有琳琅满目的图书、覆盖校园的网络，这里有自主学习的时间、放飞理想的空间，充分利用好大学学习条件，掌握扎实的基础知识和专业知识，将会为一生的学术事业打下良好的基础。

第一，在学习观念上，学员应以知识学习为主。常言道，"万丈高楼平地起""基础不牢，地动山摇"。无论将来打算成为哪方面的人才，从事什么样的工作，都必须有必要的知识储备，掌握扎实的基础知识（包括公共基础知识、专业基础知识）和专业知识。书山有路勤为径，学海无涯苦作舟。要强化学习观念，勤奋学习、刻苦学习、持续学习，做学习"达人"。

第二，在学习方式上，学员应以自主性学习为主。学员永远是学习的主体，学不学、学什么、怎么学、学得怎么样，这些关涉学习的基本问题，最终都由学员自己来选择、决定、实施和评判。教员在学员的学习过程中，只提供指导和参考意见。自主设计、自我施压、自己管理，始终是学员搞好学习的前提。学员要注意培养掌控自身学习过程的自主学习能力，做学习"牛人"。

第三，在学习层次上，学员应以研究性学习为主。在当今知识"井喷"式剧增、信息爆炸式泛滥的时代，如果只读经典著作、圣贤之书，定会导致知识贫乏而落伍；如果一味求新求异求刺激，不辨良莠，逮住什么学什么，必将淹没在泛滥成灾的信息海洋之中。学员要保持清醒，要在学好本专业基础知识的前提下，向专业前沿进军，坚持带着问题学习、探索性学习，这样假以时日，必能有所收获。

第四，在学习渠道上，学员应以课程学习为主。现在，学员的学习渠道日渐增多，传统的课堂学习、实践学习与现代的研讨学习、依网学习交相辉映，使学习有了更多的选择性、便捷性。例如，只要你愿意，就可以通过网络，随时随地读到过去读书人梦寐以求的各种经典著作，购买到世界上最新出版的学术专著，聆听或观摩到国内乃至国际名校、名师的名课，甚至可以向你心仪的教员或学术大师即时请教、沟通交流。当然，依网学习也有其自身的问题，君不见有多少学子因沉迷网络而不能自拔。我们的建议是学员应围绕课程在教员的指导下循序学习、理性学习，尽可能提高学习的针对性和实效性。

苏联著名文学家高尔基说："书籍是人类进步的阶梯。"英国近代著名思想家、科学家弗朗西斯·培根（Francis Bacon，1561~1626年）说："读书使人明智，读诗使人聪慧，演算使人精密，哲理使人深刻，伦理学使人有修养，逻辑修辞使人善辩。总之，读书能塑造人的性格！"[①]读书学习是我们迈入学术殿堂的第一步。

二、处理好继承与创新的关系

知识在学习中继承，在创新中发展。继承与创新的关系，是知识学习过程中最基本的关系。学习的过程，从根本上说就是继承前人或他人已获得知识的过程。只有继承才能积累，才能进步。当然，学习的过程，学习者并非一味被动地接受和积累知识，而是要积极主动地选择和创新知识。继承是创新的前提和基础，创新是继承的动力和目标，只有做到继承与创新的统一，才能搞好学习。

尊重知识，尊重创造，是学员应有的道德素养。人类今天所拥有的知识来之不易，点点滴滴的背后都有许多智慧、汗水乃至血泪凝成的故事。我们在学习这些知识的时候，当常怀神圣庄严之心、感恩敬慕之意，不能亵渎知识，更不能轻薄知识的创造者。"朝闻道，夕死可矣"，道尽了孔子学习知识时的喜悦之情。"尔曹身与名俱灭，不废江河万古流"，道出了诗圣杜甫对亵渎知识创造者之势力小人的厌恶。

敢于挑战权威，敢于标新立异，是学员应有的科学素养。质疑精神、创新精神，是学术进步的动力。古希腊哲学家亚里士多德的名言"吾爱吾

---

① 弗朗西斯·培根. 培根随笔[M]. 长春：时代文艺出版社，2010：60.

亚里士多德

师，吾更爱真理"深入人心。然而，在现今学术界，迷信权威、崇古薄今、墨守成规等现象还普遍存在，作为青年学员，千万不要沾染此恶习，否则，轻则影响学习效率，重则影响一生的学术事业。青出于蓝而胜于蓝，弟子不必不如师。唯有如此，学术才能发展，社会才能进步。

在中国近代史上，人们习惯于将康有为、梁启超并称为"康梁"，一是因为俩人有师生情分，二是因为俩人曾经协力发动了著名的"戊戌变法"运动。梁启超是康有为最得意的弟子，协助康校勘了《新学伪经考》，参与撰写了《孔子改制考》，参与组织了强学会，为康有为办报撰写了大量激情澎湃的文章。梁启超曾形容他老师的学问思想如"大海潮音，作狮子吼"，对其顶礼膜拜之至。"戊戌变法"失败后，康梁都逃往日本避难。梁启超在接触了西方新思想之后，在学术思想上逐渐与康有为产生了分歧，开始同情革命，倾向民主，主张共和，反对康的保皇守旧思想，他尖锐地指出："欲救今日之中国，莫急于以新学说变其思想，然初时不可不有所破坏。孔学之不适于新世界者多矣，而更提倡保之，是南辕北辙也。"①梁启超可谓中国近代史上做到"吾爱吾师，吾更爱真理"的学术大家。

广大学员要自觉地培养创新意识，提高创新能力。孔子曰："知之者不如好之者，好之者不如乐之者"，兴趣是最好的教员，只要有了创新的兴趣、爱好乃至乐此不疲的"癖好"，就一定能披荆斩棘、乘风破浪、一往无前，在创新的道路上走得更快、更远。

军校学员学术道德规范读本

① 余竞跃. 吾爱吾师，吾更爱真理[J]. 文史天地，2011（09）：72-73.

三、讨论、作业、考试等环节的学术道德规范

学员在课堂讨论、课后作业、课程考试等学习环节，都应遵守相应的道德规范，做到诚实守信、自觉自律。学员在学习环节的道德失范现象主要表现在以下几个方面：

第一，课堂讨论中自负自夸。随着教学改革的深化，课堂讨论交流已成为启发式教学的标准设计。一般来说，教员都会要求学员就讨论交流内容提前做好准备，一些学员便将从网络上或其他渠道收集到的资料，未经消化、整理、提升、创新，直接搬到课堂上作为发言主题，并不指出资料、观点的出处来源，将别人的研究成果窃为己有。学员在课堂讨论中应明确别人的工作与自己的工作，分清已有的观点与创新的观点，不能妄自托大、浮躁浮夸，更不能弄虚作假、欺世盗名。

第二，课后作业中投机取巧。在日常教学过程中，为了巩固学员所学，提高其应用理论解决实际问题的能力，教员都会布置一些作业供学员课后练习。一些学员不肯动脑、动手完成作业，直接从网络上搜寻作业答案，原封不动地下载上交、应付了事。有些学员干脆结成作业下载"联盟"，分头上网搜索，然后"共享"信息，使本来可作为学习资源使用的网络蜕变为逃避学习的工具。学员应重视作业，将其作为巩固课堂所学的途径、独立思考、创新提高的平台，保质保量、按时完成。

第三，课程考试中弄虚作假。考试作弊的现象在高校普遍存在。小者在课程考试中无视考场纪律，利用小抄、夹带等手段作弊；大者在课程结业、毕业答辩等关键环节上做手脚，如对平日很少请教的教员拉关系、套近乎，甚至为达目的不择手段地托人情、上门贿赂，同时也由于在学员论文答辩会委员组成、提问、决议起草、评阅送审、盲审等环节方面存在的一些痼疾，"从而在论文评价上加入了感情因素，使一些不合格的论文也通过了答辩"。[①]考试是检验学员学习效果的手段，也是检验学员诚信的

① 马革兰. 研究生学术道德失范、根源及对策[J]. 黑龙江高教研究，2009（11）：76–78.

试金石。学员要"慎独"，做到监考教员严与不严一个样、在与不在一个样，将工夫用在平时、用在考场之外，只要准备充分、成竹在胸，就能百考不惧、每考必胜。

第二节 实验操作过程中的学术道德规范

教学实验是实践教学的基本形式，实验操作是培养学员动手能力的基本途径。学员在实验中应遵循客观性原则，力避主观因素对实验结果的影响，并实事求是地撰写实验报告，不能弄虚作假，违背学术道德规范要求。

一、实验操作是提升学员能力的关键环节

对于理工科专业的学员来说，实验操作和理论学习同样重要。学员通过亲手实验和实际操作，可以把书本知识由微观变宏观、由抽象变具体、由无形变有形，不仅能够培养专业兴趣、获得直观信息、巩固所学知识，而且能够拓展专业知识、深化规律认识、提高创新意识和创新能力。因此，实验操作是调动学员学习主动性、积极性和创造性，激发学员创新思维，提高科研兴趣和能力的关键环节。

具体而言，实验操作对于提升学员能力的意义表现在以下几个方面：一是有助于培养学员的注意力、观察力。良好的注意力是保持学习兴趣、提高学习效率的前提。实验操作自身所具有的直观性、探索性对学员具有极大的吸引力，是训练学员注意力集中的有效手段。良好的观察力是做出创新性发明和发现的条件。在实验操作环节，教员可以不断地用实验启发学员去积极感觉、知觉事物的变化，引导其学会分辨奇异现象、放大细微现象，自觉培养观察能力。

二是有利于培养学员的理解力、思维力。毛泽东同志说过："你要知

道梨子的滋味，你就得变革梨子，亲口吃一吃。""感觉到了的东西，我们不能立刻理解它，只有理解了的东西才更深刻地感觉它。"①这两句话引申开来，意思是说富于形象感觉的实验操作与富于抽象思维的知识学习都很重要。学员就是在不断地学习知识、进行实验、再学习、再实验的过程中成长进步的。

三是有利于培养学员的操作力、创新力。对于理工科专业尤其是工科专业的学员来说，提高实际操作能力意义重大，不仅关系到所学理论知识能否与实际相结合，而且关系到能否胜任未来的岗位工作要求。学员只有通过亲自实验，熟练掌握操作技能、技巧，才能提高操作力。实验是创新的摇篮，学员在参与实验过程中，一定会遇到各种各样事先可能想到或想不到的问题，这就需要他们开动脑筋，去分析、去思考、去想象、去钻研，在不同程度上创造性地运用知识、创造性地解决问题，培养创新意识和创新能力。

二、实验应遵循客观性要求

实验的客观性要求是指在实验过程中实验者必须如实地观察现象、记录数据，绝不允许随意修改、删篡或杜撰原始记录，以获取关于研究对象真实、准确的信息。为此，在实验中必须做到如下几点：

第一，避免主观性偏差的影响。古希腊哲学家普罗泰戈拉（Protagoras，约公元前481~前410年）提出"人是万物的尺度，是存在者存在的尺度，也是不存在者不存在的尺度"，表明人自身的因素影响着其对物的观察、感受、判断和描述。关于客体的现象、运动的客观性认识，决不会自动地、原封不变地直接呈现在主体面前，需要主体发挥主观能动性，借助于变革和观测客体的条件和手段，在主客体相互作用的过程中去观察和感受，才能最终获得。主体的主观差异性对客体的客观性认识的影响，往往表现为主体在实验前就形成的对客体的先入为主式的认识。例

---

① 毛泽东. 毛泽东选集·第一卷·实践论[M]. 北京：人民出版社，1966：257-256，263.

如，意大利物理学家伽利略（Galileo，1564~1642年）出于对正圆形运动完美性的痴迷而拒绝承认开普勒（Kepler，1571~1630年）的行星椭圆形运动规律，英国化学家普里斯特列（Priestley，1733~1804年）由于坚持"燃素说"至死也不接受拉瓦锡（Lavoisier，1743~1794年）的氧化论，美国发明家爱迪生（Edison，1847~1931年）由于自己搞直流电，形成了一种偏见，对交流电视而不见，痛加指责。由此可见，实验者必须摒弃先入为主的偏见，才能在面对新现象、新事物时做出正确判断。

第二，排除假象和错觉的干扰。假象往往掩盖真相，歪曲地表现事物的本质。例如，在地球上的人们看来，太阳每日东升西落，似乎太阳在围绕地球旋转，这是一种直观的假象，它掩盖了地球围绕太阳旋转的真相。错觉也是对客观事物的不正确反映，它的产生与人的感官的局限性及观察者的心理因素有关。如人类的视觉，在客观对象的刺激作用消失后，会产生后象，其颜色过渡为补色。德国大诗人歌德讲过他亲身经历过的一个事例："有一天傍晚，我走进一家旅馆，一个姑娘，高身材、面孔白皙、黑发、穿着鲜红的上衣走进我的房间。我凝视着这位在半暗中站在我面前一段距离的姑娘。当她走开以后，我在我对面光亮的墙上看到一个环绕着光轮的黑面孔，那鲜明形象的衣服，在我看来，像是海浪般的绿颜色。"[①]原来的白皙面孔，变成了黑面孔；鲜红的衣服，变成了绿颜色。这显然是视觉的错觉。此外，像风声鹤唳、草木皆兵、杯弓蛇影，则与人的心理因素有关，也都是错觉。那么，如何才能排除假象和错觉对实验的干扰呢？一是要借助于仪器，变换观察的角度，反复地观察、全方位地观察；二是要借助于理论思维，进行缜密地逻辑分析，以识破假象，免生错觉，获得关于客观对象的真实信息。

第三，注重对细节的观察记录。天下大事，必作于细。细节不是"细枝末节"，而是细心，是一种认真的态度和科学的精神。科技史上许多伟

---

① 陈望衡. 艺术设计美学[M]. 武汉：武汉人学出版社，2000：294.

大的发现和发明都是注重细节的结果。英国生物学家弗莱明（Fleming，1881~1955年）对葡萄球菌减少细节的观察，引导他发现了青霉素；德国地理学家魏格纳（Wegener，1880~1930年）对世界地图细节的观察，成就了他的大陆漂移学说。在科学研究中，一定要把握细节，要有洞察秋毫的敏锐，要能在别人看来完全相同的地方看出不同，在别人看来完全不同的地方看到相同。同时要注意不能把观察到的现象与自己对现象的看法混为一谈，且要养成准确记录的好习惯。记录要采用规范的术语，特定的符号、标准的计量单位，字迹要工整。不但自己能看懂，别人也要看得懂。要按照事物固有的顺序记录，不能杂乱无章、随意颠倒。这是保证观察结论正确的基础工作。丹麦天文学家第谷·布拉赫（Tycho Brahe，1546~1601年）坚持观测行星运行16年，也准确周密地记录了16年，为开普勒发现行星运动规律奠定了基础，成就了他人，也成就了自己。

三、撰写实验报告应规范

撰写实验报告，是实验课的最后环节，也是对学员动手能力、创新能力及写作能力的综合检验。在撰写实验报告的时候，除了不能弄虚作假、夸大实验价值等道德层面的要求外，还应遵守撰写实验报告的格式方面的规范要求。

一般来说，一份完整的实验报告，应由实验基本信息、实验报告主体和附件三大部分组成，各部分都有相应的规范要求。

（一）实验基本信息

基本信息包括实验项目信息、课程信息和实验主体信息三个方面，可细分为课程名称、实验项目名称、实验日期、实验地点、学员单位、学号、姓名等信息，这些关于实验的"时间""地点""人物""事件"的相关信息，为教员对实验进行具体指导、核查、登录成绩以及日后检索提供了便利。

（二）实验报告主体

实验报告主体又可分为实验情况说明、实验数据处理、结果分析、结论等部分。第一，实验情况说明主要介绍实验目的、所用仪器设备、所选试样和材料、依据原理以及实验步骤和方法等内容。其中，关键是实验原理的撰写，主要包括两个方面的内容，一是与实验目的密切相关的基本理论知识，二是在实验中概括总结出来的带有规律性的经验知识。第二，实验数据处理需要说明获得实验数据的手段、处理实验数据的方法以及实验数据的处理结果。数据处理结果可以是规范的表格、图形、图像等。第三，结果分析是对数据处理阶段获得的结果进行分析，如结果的稳定性、可靠性以及其与理论预期的符合程度等。如果出现不满意结果，也应对其成因进行深入分析，并提出改进建议。第四，结论是对实验全过程的总结和评价，根据需要可以写实验注意事项、实验改进设想等。

（三）实验报告附件

附件主要涉及一些与实验密切相关的材料，实验报告作者可根据具体情况决定附件内容。一般来说，附件包括实验方案的设计依据、实验数据的处理方法、实验的原始记录等。其中，实验原始记录记载有实验的名称、地点、成员、仪器设备、试样及材料，以及实验过程中观察到的现象、获得的数据、遇到的困难及解决的方法等各项实验信息，是实验的宝贵原始资料。需要提醒的是，科研实验原始记录一般不公开，但学员进行的教学实验例外，作为其参加实验的证明材料必须向教员提供，以方便教员对实验报告内容进行核查。①

当然，写出一份好的实验报告还有很多其他方面的要求，如：报告结构要严谨，事实描述要清楚，用词要规范，语句要通顺，脉络要清晰，结论要明确。总之，撰写实验报告是学员综合素质和能力的体现，应予以高度重视，勤加练习。

---

① 周洪. 工科学生撰写实验报告应注意的几个问题[J]. 时代教育（教育教学），2010（06）：83-84，302.

第三节 论文撰写过程中的学术道德规范

论文撰写是对学员素质能力的综合检验。论文撰写的过程包含选拟题目、确定提纲、准备材料、撰写修改等诸多环节，一篇完整的论文包含标题、署名、摘要、关键词、引言、正文、结论、参考文献等诸多要件，而其中的每一环节、每一要件都有相应的学术道德规范要求。

一、撰写论文在学员成长中的作用

第一，撰写论文是学员学业的重要组成部分，尤其是学位论文的撰写，更是学员必须面对的最严格、最规范的一种论文写作训练。对于本科学员来说，撰写论文不仅是其毕业后攻读更高学历学位时提升研究能力的需要，也是其将来奔赴工作岗位后总结工作经验、创新工作方法、提高岗位任职能力的需要。

第二，撰写论文是对学员各方面素质和能力的综合性考核。撰写论文不仅需要写作知识，更需要有正确的世界观、方法论以及扎实的专业知识，因此，论文撰写是对学员的基本理论知识和基本专业技能掌握程度的全面测度，也是对其创新意识和创新能力的综合考核。

第三，撰写论文是对学员从事科学研究工作的启蒙教育。论文撰写可以让学员了解和掌握论文撰写的基本程序、环节和方法，为日后的研究和论文撰写打下基础；还可以让学员了解和掌握科研的规范要求，懂得该做什么、不该做什么，哪些原则必须坚持，哪些是红线不能触碰。同时，论文撰写可以激发学员进行学术研究的兴趣，为其日后献身学术研究事业打下思想基础。

二、论文的概念、类型与特征

论文是研究者为进行会议交流、公开发表或通过答辩验收等目的，对其创新性研究成果进行描述、分析和总结而撰写出的文本。按照不同的标准，论文可以划分为不同的类型。例如，以论文涉及的题材、范围、风格为标准，可以将其划分为论证型、科技报告型、发现发明型、计算型以及综述型等类别。①一般来说，论文包括科学技术报告、学位论文和学术论文。第一，科学技术报告是描述一项科学技术研究的结果、进展或一项技术研制试验和评价的结果；或是论述某项科学技术问题的现状和发展的文件。其呈送对象是科学技术工作主管机构或科学基金会等组织或主持研究的人等，一般不公开发表。第二，学位论文是表明作者从事科学研究取得创造性的结果或有了新的见解，并以此为内容撰写而成、作为提出申请授予相应的学位时供评审用的学术论文。学位论文的主体一般是高校的本科生、硕士研究生和博士研究生以及研究机构的硕士研究生和博士研究生。我国国家标准《科学技术报告、学位论文和学术论文的编写格式》（GB 7713—87）指出："学士论文应能表明作者确已较好地掌握了本门学科的基础理论、专门知识和基本技能，并具有从事科学研究工作或担负专门技术工作的初步能力。""硕士论文应能表明作者确已在本门学科上掌握了坚实的基础理论和系统的专门知识，并对所研究课题有新的见解，有从事科学研究工作及独立担负专门技术工作的能力。""博士论文应能表明作者确已在本门学科上掌握了坚实宽广的基础理论和系统深入的专门知识，并具有独立从事科学研究工作的能力，在科学或专门技术上做出了创造性的成果。"第三，学术论文是记录学术课题研究最新成果或创新见解的书面文件，用以在学术刊物上公开发表，或在学术会议上交流。

　　论文作为一种特殊文体，具有区别于其他文体的一些基本特征。第一，科学性。论文内容应体现科学精神，必须实事求是，引用材料翔实、数据准确、计算无误、推理严谨，不允许主观臆造数据、随意取舍篡删文献。第二，专业性。论文大多是一定专业领域里关于前沿性问题的探讨，主要读者是本专业的学习者和研究者，因此论文中经常涉及一些专业术语、专业历史知识等，非专业读者在阅读时可能会存在一定难度。第三，创新性。创新是论文的灵魂，是论文的价值所在。论文必须描述新事物、

---

　　① 李德华. 学术规范与科技论文写作[M]. 西安：电子科技大学出版社，2010：258.

新现象，揭示新特点、新规律，发表新观点、新结论，至少应在某一方面有新发现、新突破，这样才能避免与前人、他人的重复，才有发表、交流的必要。第四，交流性。论文是用来公开发表、进行会议交流，或提交给特定机构审阅、评议的（如学位论文和研究报告）。一句话，论文都是写给一定读者看的、用于交流的。这就要求论文一定要具有可读性，要能吸引读者。第五，艺术性。汉语很丰富，同样的意思有不同的表达方式，论文撰写时要选最好的、讲求艺术性。要做到"信、达、雅"。"信"，就是真实性，不能说假话；"达"，就是意思表达清楚，明明白白，没有歧义；"雅"，就是讲艺术，在做到"信"和"达"的前提下，妙笔生花，将话说得优美。

三、论文各部分撰写时应注意的事项

一篇完整的论文一般包括以下几个组成部分：标题、署名、摘要、关键词、引言、正文、结论、致谢以及参考文献等，其中正文是论文的核心部分。

（一）标题

标题是论文的眉目。论文的标题包括总标题和正文中的分标题。论文的总标题应能体现作者的写作意图及论文的主旨。中文题名一般不宜超过23个汉字；外文（一般为英文）题名应与中文题名含义一致，一般以不超过10个实词为宜。题名担负着学术交流和信息传递的任务，用语用词必须严谨规范，不能使用生僻及自造的术语，或同行不熟悉的外来语、缩写词、符号等。

常见的论文总标题有以下几种：一是问题式标题，例如《如何衡量军事文化的先进性？》。二是内容揭示式标题，例如《论军民融合式发展的体制建设》。三是范围限定性标题，例如《军事信息人才培养问题研究》。四是判断性标题，例如《"占中"不得人心》。五是调查报告标题，例如《新四军在皖南开展"工业合作运动"情况的调查》。六是带副标题的论文标题，例如《从法制到法治——我国推行公务员制度的深层思

考》。七是对应性论文标题，例如《社会主义市场经济：一种新的历史哲学》。

常见的论文分标题设置方法有以下几种：一是用文字表述作分标题。其位置一般应处于第一行的中央，字数特别长的分标题也可以断为两行以上，但均应居中，以与本部分内容的正文相区别。二是以序数词作分标题。例如一、二、三……或（一）（二）（三）等表示先后顺序，这样的分标题一般也应置于本部分第一行的中央位置。[①]在拟定论文的分标题时应注意以下几点：第一，同一层次的标题应表达同一层次的内容；第二，同一级标题应尽量讲究排比，即结构相似、意义相关、语气一致；第三，不同层次的标题，有上下关系者，在内容上应相互呼应。[②]

（二）署名

作者署名是其拥有著作权的声明。《中华人民共和国著作权法》规定：著作权属于作者。著作权包括发表权、署名权、修改权、保护作品完整权等。署名首先是法律赋予作者的一种权利，其次是社会给予作者所付出劳动和取得成就的认可和尊重，最后也是作者表示文责自负的承诺。署名者可以是个人作者、合作作者或团体作者。但不管是哪一类作者，都应该满足以下条件：（1）本人应是课题研究工作的主要参与者和贡献者；（2）本人应是论文的撰写者；（3）本人应对作品具有辩护能力，且为作品的直接责任者。如果不能同时具备以上三个条件，一般不宜作为论文的作者。当然，对于不满足署名条件但又确实对研究成果有所贡献者，作者应在论文中向其"致谢"。[③]

学员在相关期刊上发表学位论文时，要注意以下几点：第一，如果论文是在导师指导下完成的，可以由学员和导师共同署名，一般是学员在前导师在后，但学员不得擅自作主签署导师名字，必须征得导师同意；第

---

① 曹天生. 本科生学士学位论文写作概论[M]. 合肥：安徽人民出版社，2008：15–18.
② 李德华. 学术规范与科技论文写作[M]. 西安：电子科技大学出版社，2010：253–269.
③ 李德华. 学术规范与科技论文写作[M]. 西安：电子科技大学出版社，2010：253–269.

二，如果论文是在学员答辩通过的学位论文的基础上修改而成的，发表时还应得到校方学位委员会或相关机构的批准，一般可通过导师进行咨询；第三，如果论文涉密，必须遵守相关规定，进行脱密后才能公开发表。

（三）摘要

论文摘要是论文内容的要点、缩影、精华，是一篇凝练的短文，应具有独立性，即使不阅读论文的全文，通过摘要也能获得必要的信息。摘要的作用有三：一是让读者尽快了解论文的主要内容，二是为科技情报人员和计算机检索提供方便，三是为二次文献提供方便。摘要承担着吸引读者和介绍论文观点的任务。在撰写论文摘要时，应注意以下几点：（1）内容概括要全面，思想表达要明确；（2）逻辑要严谨、清晰，文字要简洁凝练；（3）叙述要客观公正，避免使用评价性的语言；（4）篇幅要短小精悍，一般以300字左右为宜。

需要指出的是，对于学位论文摘要的撰写，各高校有不同的具体要求，一般应控制在1000字以内，且应有相应的英文摘要。学员可根据学校的规定和导师的要求进行撰写。

（四）关键词

关键词是论文中几个最关键的表达论文主题概念的词汇，用于文献检索的标识，一般是作者从总标题名、分标题名和正文中筛选出来的，筛选的方法：一是考虑关键词对于论文主题的代表性、契合性，二是关键词含义的典型性、科学性。

论文的关键词可方便文献数据库归类收录、读者检索阅读。关键词选用是否得当，直接关系到该文被检索的概率和该成果的利用率，应给予足够重视。

（五）引言

引言（亦称前言、序言等）经常作为论文的开端，提出文中要研究的问题，引导读者阅读和理解全文。引言作为论文中引出正文的部分，一般应介绍论文的写作背景、目的，或论文所属学术领域的历史、现状，或论文的理论依据、实验基础和研究方法，也可以简述本研究的结果、意义和前景。

在撰写引言时应注意以下几点：（1）开门见山，不绕圈子；（2）言简意赅，突出重点；（3）尊重科学，实事求是；（4）避免与摘要、结论等雷同。①

（六）正文

正文是论文的核心部分，占全文的主要篇幅。如果说引言提出问题，那么正文则是分析和解决问题。该部分是作者研究成果的学术性和创造性的集中表现，决定着论文写作的成败、学术水平的高低。

正文的编排不拘一格，可以将研究的全过程作为一个整体看待，对各部分各方面进行综合性论述；也可以将研究的全过程划分为几个阶段或几个方面，再对其进行分述。论文涉及的学科不同，正文的编排方式也不同。一般来说，正文应包括研究的对象、方法、结果和讨论几个部分。论文中涉及的观察和实验的设计、所得数据的分析和处理以及研究结果的最终表述等都是正文的主要部分，应给予详细论述。

对于论文中图、表等的使用，应注意以下几点：（1）能用文字语言表达清楚的，不用图或表；用文字不易说明白或说起来比较烦琐的，可用图或表来说明。（2）图或表要具有自明性，即图表本身给出的信息能表达清楚要说明的问题。（3）正文撰写中涉及量和单位、插图、表格、数学式、化学式、数字用法、语言文字和标点符号、参考文献等，都应符合有关国家标准的要求。

（七）结论

结论（亦称结语）是由论文推论出的结果。论文作者在引言中提出的问题，经过实验、分析、论证，到结尾时应有一个总的概括、总结，得出一个或几个清晰明确的结论。

————————————

① 李德华. 学术规范与科技论文写作[M]. 西安：电子科技大学出版社，2010：253–269.

在撰写论文的结论时应注意几点：（1）要对前文（如引言）中所提出的问题给出正面的、清晰的答复。（2）要从理论的高度对论文主旨进行概括，不能简单重复前文内容。（3）用语要准确无歧义，不能用"大概""似乎"等模糊词汇。（4）结论不宜过长，一般以数百字为宜。

（八）致谢

致谢并非论文的必要组成部分，作者可以根据具体情况酌情决定是否需要致谢。致谢一般单独成段，置于"结论"段之后。致谢主要表达作者对曾经对研究的选题、构思或论文撰写提供过指导，或者在观察实验、技术开发或资料搜集等工作中提供过帮助的人员的感谢，这些人员可以是自己的导师、教员、同学和一些专门机构的工作人员。一般对例行的劳务人员可以不专门致谢。

（九）参考文献

参考文献（亦称参考书目、参考资料、注引文献目录等）是论文的重要组成部分，其作用有三：一是作为论文作者观点的佐证材料，增强论文的说服力；二是论文作者对所参考文献作者知识产权的承认和尊重；三是论文作者对读者所提供的进一步查阅相关文献的线索。参考文献反映了论文作者对前辈和他人已做相关研究工作的认可和感谢，能够折射出论文作者的学术道德状况。

研究者撰写论文所需要的参考文献应尽量从原始文献中征引，这也是论文写作应遵循的一个基本原则。能用第一手资料的，决不用第二手资料；能用一次文献的，决不用二次文献。转引与过度自引、漏引、伪造等现象一样，都是参考文献引用方面的学术不端行为。

参考文献的格式规范很重要，现在很多学术刊物采用中国标准化管委会发布的《文后参考文献著录规则》（GB/T 7714—2005），一些高校也要求学位论文必须采用该标准对文献进行规范。论文中参考文献引用应遵循以下八项原则：从被引文献的属性看，应遵循公开性原则、原始性原则；从被引文献的作用看，应遵循必要性原则；从被引文献的内容看，应遵循准确性原则；从被引文献的多少看，应遵循适当性原则；从被引文献的质量看，应遵循新颖性原则和代表性原则；从被引文献的著录看，应遵循标准化原则。[①]

现在出现了很多管理文献的软件，为文献的科学管理、规范引用提供了便利。如Refworks、NoteExpress、NoteFirst等，可以比较方便地从中国知网等网站上直接导入文献，按事先设定的格式自动生成参考文献，大家不妨掌握其中一款软件，必能为你的论文撰写带来不少便利。

第四节　科研项目研究过程中的学术道德规范

科研项目是指有关组织机构规划或同意确立的旨在解决某领域中的理论或实践问题的科研任务。科研项目都有明确的研究目标，且必须在限定的时间、预算、资源等条件下完成。本书所指的科研项目是指国家、军队、地方各级政府下达的、部队和地方企事业单位委托的项目以及学校自立的各类科研项目。本节谨依据我校《科研项目管理办法》《科研学术道德规范及失范行为处理办法》等文件，对在科研项目研究过程中的申请、实施、形成、发表和评价各环节提出相应的学术道德规范要求。

一、科研项目研究过程中的基本规范

（一）坚定正确政治方向

开展科研学术活动要以中国特色社会主义理论体系为指导，深入贯彻习近平总书记系列重要讲话精神，大力培育新一代"四有"革命军人，努力践行党在新形势下的强军目标，坚持理论武装，筑牢思想防线。

---

① 高莉丽. 浅析科技论文写作的道德规范[J]. 广西大学学报（哲学社会科学版），2009（04）：138—141.

（二）弘扬科学精神

实事求是、探索求知、崇尚真理、科学质疑、勇于创新，自觉维护学术尊严和军人荣誉。坚持严肃认真、严谨细致、一丝不苟的科学态度，反对投机取巧、粗制滥造、盲目追求数量不顾质量的浮躁学风和行为。

（三）严格遵纪守法

自觉遵守国家、军队关于知识产权等方面的法律法规，在保守国家秘密、保护知识产权的前提下，公开研究过程和研究成果的相关信息，在合作研究和学术讨论中共享信息。

（四）正确处理名利关系

以推进国家科技进步和军队现代化建设为己任，努力攀登科学高峰，正确对待科研学术工作中的名利，将个人事业发展与国家、军队发展需要相结合，反对沽名钓誉、急功近利、自私自利、损人利己等不良风气。

（五）刻苦钻研、勇于创新

广大学员要强化道德修养，坚持严格自律，在学习、研究中自觉践行实事求是、开拓进取的科学精神，培养求真务实的学风、研风。既尊重他人劳动，又敢于向权威挑战，积极开拓创新。

二、科研项目申请中的主要规范

1. 选题要遵守科学性、创新性和可行性原则，要围绕选题广泛收集资料，积极开展科技查新，掌握国内外相关研究的动态和前沿，对立题依据、目的合理性和实施可行性等进行充分论证。

2. 要坚持实事求是，充分考虑自身研究力量，按照项目申请要求认真撰写申请材料，对申报项目的工作基础、研究现状、人员组成等作如实陈述，保证申请材料的真实可信。

3. 要按照目标相关性、政策相符性和经济合理性原则，科学、合理、真实地编制科研经费预算，增强预算的前瞻性和可操作性；不以编造虚假合同、虚列支出项目等手段编报虚假预算。

4. 申请人要具备承担申报项目的综合能力，具有与项目研究内容相关的工作基础和组织相关科研人员或机构开展项目研究的能力。

5. 不以任何方式干扰影响项目评审工作。

三、科研项目实施中的主要规范

1. 签订科研合同（或计划任务书）要遵循实事求是的原则，合同的研究内容、技术指标等要实事求是地根据项目责任人或项目承担单位现有工作基础和实际工作能力进行确定，不签订力所不及的合同。

2. 严格按照科研合同（或计划任务书）的预期目标和要求，认真完成各项研究任务；不随意变更项目，不违反规定将科研任务外包、转包他人，不利用科研项目为特定关系人谋取私利。

3. 充分保证从事项目研究所需要的时间，合理使用设备、材料等研究资源，不擅自将学校资源用于外单位或与项目研究无关的活动。

4. 严格按照预算批复的支出范围和标准使用经费，不违反规定转拨、转移科研经费，不借科研协作之名将科研经费挪作他用，不隐匿、私自转让或非法占有由科研经费形成的固定资产和无形资产。

5. 严格遵守项目管理规定，严格执行工作计划，按期如实填报中期检查报告、结题报告等各种材料。

四、科研成果形成中的主要规范

1. 在收集原始数据信息时，要科学掌控信息来源、收集方法、收集过程，保证数据信息的客观性、真实性。

2. 根据不同方案进行试验、观测所得结果，或依据同一方案进行不同试验、观测所得结果应作充分比较，避免主观取舍数据，或进行带有主观倾向性的统计处理。

3. 妥善保管所收集到的数据信息，尽量降低遭受意外损害、损失或失窃风险，定期检查原始数据信息保存情况，保证各种原始资料的完整性、准确性和可追溯性。

4. 在维护自身数据信息权利不受侵犯的同时，应尊重和保护他人的数据信息权利，凡可能涉及他人隐私权、知识产权和数据信息安全权的，在获得授权人的许可后才可收集和使用。

5. 使用他人受版权法保护的数据信息，应当指明作者的姓名、作品名称、作品出处，不侵犯著作权人的其他权利。

6. 在不违反保密规定的前提下，可根据相关规定和协议，对所有感兴趣并有权利使用的人适度开放和共享数据信息。

五、科研成果发表中的主要规范

1. 发表职务作品（论文、著作）时，应标注学校统一使用的对外单位名称；著作权由作者享有，学校有权在其业务范围内优先使用；作品完成三年内，未经学校同意，作者不得许可第三人以与学校使用的相同方式使用该作品。

2. 未参与作品写作或未经他人允许，本人不得以任何理由在他人作品里署名，或在自己的作品里署他人名。

3. 合作作品原则上按照贡献大小确定署名先后（有署名惯例或约定的除外），未经合作者同意不得擅自署名发表；所有署名人应对本人完成的部分负责，作品第一作者和通讯作者应对作品整体负责；导师（或指导老师）指导学生撰写和发表作品，署名时应对作品负责。

4. 引文应以原始文献和第一手资料为原则，在引用他人的观点、方案、资料、数据等时，不论是否发表，不论纸质或电子文本，必须尊重知识产权，均应详加注释。

5. 引证的目的是介绍、评论某一作品或说明某一问题，所引用的部分不能构成引用人作品的主要部分或者实质部分；从他人作品转引第三人研究成果，也应注明转引出处。

6. 不在参考文献中列入没有参考、引用过或与本研究无关的文献，不以盲目增加文献被引率等为目的，进行不适当的自我引用或与他人约定的相互引用；只通过中文译文引用外文文献，须注明中文译文的出处，可不直接注明引自外文文献。

7. 出版著作应正确标识作者的创作性质，准确界定"著""编著""译著""主编""参编""资料汇编"等不同的创作类型。

8. 汇编出版有他人文章的文集、论文集等，以及翻译、改编、汇编、注释、传播尚在著作权保护期内的作品形成新的演绎作品并发表的，应征得原作品著作权或出版权所有人的同意，取得相关授权。

9. 发表作品时，应以适当方式向提供过指导、建议、帮助或资助的个人或机构致谢；标注或致谢必须实事求是，杜绝弄虚作假；对已发表研究成果中出现的错误和失误，应以适当方式予以公开和承认。

10. 严格遵守国家有关保密的法律、法规或学校保密规定，不将应保密的学术内容对外泄露；对在学术交流或合作研究中获得的数据或研究成果，未经对方同意不得私自发表、出版或泄露给第三方。

六、科研成果评价中的主要规范

1. 在参加各种推荐、评审、鉴定、答辩和评奖等活动中，坚持按章办事，正确运用学术权力，不徇私情，自觉抵制不良社会风气的影响和干扰。

2. 在对自己或他人的学术经历、学术业绩和学术成果进行登记、填报、介绍和评价时，应遵循客观、全面、公正、准确的原则；措辞应严谨、准确，慎用"原创""首创""首次""国内领先""国际领先""世界水平""填补重大空白"和"重大突破"等词语。

3. 学术评价机构应坚持程序规范、标准合理的原则，采用同行专家评审制，实行回避制度、民主表决制度、专家诚信考评及追究制度，建立结果公示和意见反馈机制。

4. 评价机构和评价专家不得擅自泄露评价成员名单、评价议程、讨论过程及评审成员的个人意见；被评价者不干扰评价过程，否则应对其不正当行为引发的一切后果负责。

5. 评价专家要坚持科学标准，遵循客观、公正原则，不夸大、虚报或贬低、瞒报被评价者学术业绩，对不当评价、虚假评价、泄露不实信息或恶意中伤等造成的后果要承担相应责任。

6. 大力倡导学术批评，积极推进不同学术观点之间的自由讨论、相互交流与学术争鸣。批评者应正当行使学术批评的权利，并承担相应的责任，不故意夸大或贬低成果的价值，不污辱人格或进行人身攻击；被批评者有进行辩护和反批评的权利，但不得利用职权或学术声誉对批评者打击报复。

第五节　学术交流过程中的学术道德规范

学术交流是学员进行学术活动的重要环节，也是其展示学术水平的重要窗口。一般来说，学术交流是研究者奠定学术地位、赢得学术声誉的基本途径，因此也成为学术界甚至全社会道德舆论关注的焦点、重点。学术交流既可能是学术道德楷模成长的沃土，也可能成为学术腐败滋生的温床。学员应了解学术交流的相关知识，遵守学术交流中的规范要求，为学术事业的长远发展奠定坚实基础。

一、学术交流的概念和基本特点

学术交流即学术信息的交流，可以作狭义和广义两种理解。狭义的学术交流是指由相关专业的研究者主办和参加的、围绕特定主题进行的相关知识、经验、成果交流活动，包括各级各类学术会议、学术讲座、出版著作、发行刊物等形式。广义的学术交流是指一切与学术相关的信息交流活动，包括通信、座谈、讨论、演讲、展示、实验、成果发表等提供、传递和获得学术情报及学术思想的整个过程。

学术交流与其他学术活动相比，具有以下基本特点：

一是主体平等性。在学术交流中，任何参与主体在人格上都是平等的，身份上没有贵贱之别，不需要也不应该崇拜和迷信权威，更不能因人废言，真理面前人人平等。学员应积极参与学术交流活动，要敢于、善于阐述自己的学术观点。

二是内容开放性。学术交流内容的自由开放，是保证交流活动实现其价值即促进学术进步的前提。学术交流活动只有不受学术界既有理论、学派、观点的约束，突破条条框框的限制，才能实现学术的创新发展、与时俱进。

三是观点争鸣性。学术交流的过程，往往就是学术争鸣的过程。通过学术争鸣，不同的学术观点相互碰撞、争锋，或优胜劣汰或融合发展，从而推动学术创新，实现学术进步。

四是方式互动性。学术交流不是各说各话、单向传播，即不是单方面表演性的学术成果发布会，而是交流参与者之间的双向互动、互利共赢，即借助于学术交流平台而进行的思想撞击、思维交流，彼此都能够从中汲取营养，得到充实和提高。

五是历史见证性。学术交流活动还具有史料价值，是研究者做出重要成果的历史见证。学术荣誉是研究者的正当追求，是学术界及社会根据研究者学术贡献大小而给予其的认可和尊重，研究者的学术贡献又是通过学术交流向外发布的，因此，学术交流的原始记录及相关档案就成为研究者重要成果产生时间、地点、背景等最有力的佐证材料。历史上许多重要科学发现、技术发明优先权之争的悬案真相都是通过查阅相关学术交流原始材料得到澄清的。例如：牛顿（Newton，1642~1727年）和莱布尼茨（Leibniz，1646~1716年）关于创立微积分的优先权之争、惠更斯（Huygens，1629~1695年）和胡克（Hooke，1635~1703年）关于发明钟摆的优先权之争等，都是后人根据当时的一些学术交流活动档案进行仲裁的。

二、学术交流在科研工作中的地位和作用

学术交流是科研工作的重要环节，对学术进步与科技发展起着重要的先导作用。中国科协原主席周培源于1978年3月在全国科学大会上作的题为

《科学技术协会要为实现四个现代化做出贡献》的讲话中指出："学术交流活动是科学技术工作中个人钻研和集体智慧相结合的一种形式。通过科学家之间的思想接触，学术交流，自由争辩，可以沟通情况，取长补短，相互促进，共同提高，使认识得到发展，从而有可能产生新的科学假说，开辟新的研究途径。这可以说是科学研究工作中的一个特点。"[①]

学术交流在科研工作中占有十分重要的地位。在科研选题、方案设计、论证立项、项目实施、成果发表、验收评价及成果应用等科研工作各个环节中，学术交流都不可或缺。学术交流是实现科研工作科学化、民主化、规范化的保证，其作用具体表现在以下几个方面：

第一，有助于科研项目的科学选择。恩格斯曾经指出："技术在很大程度上依赖于科学状况，那么科学却在更大程度上依赖于技术的状况和需要。社会一旦有技术上的需要，则这种需要就会比十所大学更能把科学推向前进。"[②] 通过学术交流，科技工作者可以了解科技和社会发展的实际需求，保证选题质量。同时可以为项目研究方案提供公平竞争机会，最大限度地保证方案的科学性、可行性。

第二，有助于科研项目的顺利实施。在科研项目实施的过程中，一方面要按照项目的实施方案有序工作，另一方面要不断跟踪国内外相关或相近领域的研究进展，结合本研究项目的实际，及时调整研究方案。通过学术交流，项目研究人员可以直接听取同行对研究工作的建议，优化研究方案，创新研究方法，提高研究效率，提升研究质量。

第三，有利于科研成果的质量提升。通过学术交流，汲取百家之长，不仅可以在项目实施前完善研究方案，在项目实施中创新研究方法，而且能够在项目完成后提高成果水平，深入挖掘项目内在价值，科学总结项目研究经验，加速推进项目成果应用转化，实现项目科研效益最大化。

---

① 邢天寿. 学会与发展[M]. 北京：中国科学技术出版社，1991：70.

② 马克思，恩格斯. 马克思恩格斯选集（第2卷）[M]. 北京：人民出版社，1995：731-732.

第四，有利于科研合作的有序推进。当代科学技术的发展呈现出综合化、整体化趋势，学科之间的融合发展、一体发展成为新常态，这种情况呼唤着科研合作，而学术交流则为同行间的了解与合作搭建了平台、开辟了道路。通过学术交流，研究者可以谋得合作契机，壮大研究力量，提升研究质量。

第五，有利于科研人才的激励培养。学术交流可以丰富人的知识、创新人的思维、启迪人的思路、提高人的能力，对于科技人才的培养具有重要意义。如前所述，从广义上讲，学员在校期间的学习过程也是学术交流的过程。学员的学术交流贯穿于其"学""思""行"各个方面：从书本上学、在实践中学是交流，学理论知识、学辩证思维也是交流，学术交流渗透于学员的知识积累和能力素质提高的全过程、各环节。正是在学术交流的过程中，学员逐渐成长、成才。

三、学术交流的主要形式及发展趋势

学术交流包括正式和非正式两种。正式学术交流是指借助各种形式的文献进行的交流；非正式学术交流则是指通过信息发出者与接受者之间的对话、书信交往或参观访问等非文献形式进行的交流。

正式学术交流渠道很多，如可以借助于图书、论文等公开出版物进行，也可以通过学术会议、研究报告等形式进行。其中，专著和学术论文在学术界的影响最大，尤其是高级别专业学术杂志刊发的论文，能够揭示学科发展的前沿动态，代表着学科发展的最新水平。此外，有关学术团体定期召开的学术年会、专题讨论会、专题报告会等，也都是重要的正式学术交流渠道。

非正式学术交流渠道又称为学术交流的非正式过程，它是由研究者在彼此熟悉的情况下直接完成的。例如，研究者之间通过打电话、写信件、临时拜访等活动进行的学术交流。非正式学术交流往往没有明确的目标，形式灵活，方法简单，无拘无束，自由自在，最容易在思想交锋中擦出火花、在谈笑风生中受到启发。此类交流，源远流长，极具生命力。

随着时代的进步，尤其是网络信息科技的飞速发展，传统印本文献方式的学术交流模式已不能满足科技成果快速增长的需要，一种更加便捷高效的以网络为平台的电子文献学术交流新模式应运而生。

电子文献交流是通过计算机、电子阅读器或网络软件将储存在光、磁等介质上的数字文献信息进行还原、阅读和交流的。电子文献发源于20世纪中后期，具有体积小、存储容量大、便携性好的特征。电子文献主要有封装型电子文献和Web型电子文献两种类型。前者是将学术思想和科研成果以计算机文件形式制作成电子文件，可借助于专门的阅读装置进行交流；后者利用计算机终端通过互联网进行学术交流，可以实现远程"面对面"即时互动交流，甚至可以再现实验过程和实验成果画面。[1]电子文献交流日益普及，不仅突破了传统学术交流的形式，引发了学术交流的革命，而且代表了未来学术交流的发展方向。

四、学术交流中应遵守的学术道德规范

长期以来，学术交流一直是产生学术腐败的重灾区，学术腐败像学术交流的寄生毒瘤一样，危害着学术交流有机体的健康。认清学术交流中腐败现象产生的危害及根源，建立并遵守学术道德规范，维护学术交流尊严，是学术道德建设的重要工作。

在学术交流中，应倡导平等、质疑、互动及宽容的理念，坚持学术交流的"自由至上、质疑至圣、互动至信、宽容至贵"原则。[2]第一，自由平等是学术交流的基本条件。自由平等的学术交流是学术发展的生命线。冯友兰先生1946年撰写的《国立西南联合大学纪念碑》中有一段话："联合大学以其兼容并包之精神，转移社会一时之风气，内树学术自由之规模，

---

① 上海市科学技术协会课题组，胡家伦、林巍、姜福共、李培俊、葛朝晖. 学术交流形式与机制创新研究[C]学术交流质量与科技研发创新研究. 2009：114.

② 高峡. 学术交流的"术"与"道"[C]//中国科学技术协会学会学术部、中国公路学会. 学术交流质量与科技研发创新——中国科协第三届学术交流理论研讨会论文集（下）. 中国科学技术协会学会学术部、中国公路学会，2008：120-124.

外来民主堡垒之称号，违千夫之诺诺，作一士之谔谔。"①这段话把学术自由与民主、宽容联系起来，从一个侧面道出了西南联大的办学特色与成功真谛。第二，理性质疑是学术交流的存在前提。学术交流就是对学术问题进行质疑辩论、释疑辩护的过程，是推动学术发展的动力源。"科学精神体现为继承与怀疑批判的态度，科学尊重已有认识，同时崇尚理性质疑，要求随时准备否定那些看似天经地义实则囿于认识局限的断言，接受那些看似离经叛道实则蕴含科学内涵的观点，不承认有任何亘古不变的教条，认为科学有永无止境的前沿。"②真金不怕火炼，学术成果只有经过最严格的质疑、批判、检验，才能辨别真伪、判明优劣，得到完善和发展。第三，双向互动是学术交流的基本形式。学术信息的双向流动、学术主体的互动交流是学术交流活动的典型特征。学术交流的基本价值是通过参与学术交流活动的科研工作者之间的互动形成的。互动不仅可以展现个人风采、实现自我提高，而且能够激活对手的创造力，促其进步。互动是双赢的，互动双方都能从中受惠，开启思路、解放思想，修正偏差、完善理论、创新观点、探求新知。第四，彼此宽容是学术交流的基本要求。学术交流不是学术作战，讲求的是兼容并包，不是你死我活。彼此宽容有两层意思：一是对其他学术主体的尊重、包容，二是对不同学术观点的尊重、包容。"相互尊重是科学共同体和谐发展的基础。相互尊重强调尊重他人的著作权，通过引证承认和尊重他人的研究成果和优先权；尊重他人对自己科研假说的证实和辩驳，对他人的质疑采取开诚布公和不偏不倚的态度；要求合作者之间承担彼此尊重的义务，尊重合作者的能力、贡献和价值取向。"③

---

① 李凌. 略述西南联大的学术自由和兼容并包[EB/OL]. （2011–08–02）[2014–12–21]. http：//www. tsinghua. org. cn/alumni/infoSingleArticle. do?articleId=10068241.

② 中国科学院关于科学理念的宣言[EB/OL]. （2007–02–27）[2014–12–21]. http：//www. china. com. cn/policy/txt/2007–02/27/content_7872279. htm.

③ 中国科学院关于科学理念的宣言[EB/OL]. （2007–02–27）[2014–12–21]. http：//www. china. com. cn/policy/txt/2007–02/27/content_7872279. htm.

能否熟悉和遵守学术交流中的学术道德规范，不仅涉及主体的尊严名节、地位声望，而且影响到成果的交流传播、学术影响。著名学者葛剑雄先生指出，我们的一些研究成果水平并不低，但往往无法在国际权威刊物上发表，一个重要的原因是我们的论文或研究报告的撰写不符合国际公认的学术规范。现在不少人在引用别人的成果时不注明出处，或者注得不规范，甚至明明用了别人的成果，却注为来自原始资料。加强学术道德规范教育不仅对学者本人是必要的，而且直接关系到我国哲学社会科学成果在国际上的地位。①

值得庆幸的是，学术界对学术交流中遵守学术道德规范的呼声越来越高，一系列与学术道德建设相关的法规政策相继出台，声讨学术道德失范现象的社会舆论氛围基本生成，学术道德违规成本日益增大，一种不敢违规、不能违规、不想违规的学术交流制度机制体系正在形成。据悉，很多高等院校、科研机构和行业学会都发表了倡导学术道德规范的相关声明，制定了本单位、本系统学术道德规范及失范行为处理办法。现在，检测学术不端行为的技术手段也更加先进，例如，很多学术杂志社都采用了《科技期刊学术不端文献检测系统》对来稿是否存在抄袭、剽窃等现象进行审查。该系统得到中国知识资源总库所收录的大量中英文文献的支持，可以将检测的文章与数据库内的文献进行比对，不仅可以检测文献总的文字复制比例，还可详细列出检测文献中每一段雷同文字的详细出处，准确定位每一段文字的具体位置，并能够给出一个完整的比对报告。②这一系统的使用，使"剪刀"加"浆糊"式的文章原形毕露，作者威名扫地。

① 葛剑雄. 论学术研究规范与创新[J]. 中国高等教育，2004（19）：12-14.
② 本刊已启用科技期刊学术不端文献检测系统[J]. 中国冶金工业医学杂志，2011（01）：26.

规范篇

045

第六节 学术奖励评选过程中的道德规范

学术研究成果的评估与奖励，是院校科研管理体制中的重要组成部分，是对学员科研能力和科研成果的承认与评价。其中，学术奖励制度是否完善，决定了学术研究创新能力的高低，对于营造自主创新的科研环境、激发学员创造热情、引导和激励拔尖人才脱颖而出、推动院校科研活动的持续健康发展均具有重要意义。

一、获得学术奖励是提高学术研究能力的有效激励

学术研究绝非一朝一夕之功，需要研究者长期坚持不懈探索，才可能取得成功。青年学员在学术研究过程中容易中途而废，制度化学术奖励机制的建立，有利于培养学员学术研究的耐力、韧劲，提高学术道德水平。

其一，获得学术奖励对学员成为自主创新主体具有激励作用。激励是学术奖励的重要功能。学员在承担技术攻关、课题研究和科技创新活动过程中，需要适当地给予认可和尊重，这是其自我实现的需要。[①]获得学术奖励是对学员从事科研活动、勇于创新的肯定，不仅能激励已经取得成果和奖励的学员再接再厉，争取获得更加优秀的研究成果；而且对那些尚未取得成果的学员起到示范作用，激发并强化其科技创新欲望，鼓励他们更好地发挥聪明才智，在科学研究的道路上努力探索。

其二，获得学术奖励对拔尖学员脱颖而出具有促进作用。科研成果是研究者创造性劳动的结晶，对做出成绩的学员进行必要的学术奖励，是对他们从事科研活动的鼓舞和支持。鼓励并给予学员更多的研究自由和专项资金支持，有利于强化学员的创造欲望，激发其创造活力，促进拔尖学员脱颖而出，更快成长。

其三，获得学术奖励对学员学术研究能力提升具有引导作用。科学研究是永无止境的，任何一项研究成果都需要进一步提高和深化。学员做出

---

① 江新华，徐驰野. 论学术奖励制度的内涵与构成[J]. 理论观察，2005（04）：47-49.

的优秀成果通过鉴定、获得奖励，是对他们科研工作能力和水平的肯定，也是他们学术研究能力继续提高的起点。通过对重要成果的奖励，让学员明白哪些课题是学术前沿关注的重大问题，是具有价值、值得继续研究的；哪些课题是学术界已经解决的问题，是没有价值的、不值得继续研究的。进行鉴定评价时，评审专家与学员围绕相关学术问题的交流、交锋，有利于培养学员的问题意识、创新意识，提高他们的研究能力和学术道德水平。

二、学术奖励的内涵和构成

学术奖励是指院校为了充分调动和激发学员的积极性和创造性，依据一定的原则、程序和标准，对做出学术贡献的学员给予物质和精神奖励的行为。作为科研管理的重要手段，学术奖励直接影响着学员的学术研究过程和最终成果，关系到学员学术研究能力的实质性提升。

（一）学术奖励的科学内容

学术奖励是对学员学术成果和创造能力的承认。所谓"奖励"，《辞海》中的释义为"赞许鼓励"，《现代汉语词典》中界定奖励为"给予荣誉或财物来鼓励"[①]。可见，奖励是在客观上给予一定精神或物质奖励，实现对受奖人及其行为的赞许和肯定。青年学员初出茅庐，充满了探索新知识的热情，对于那些已取得一定研究成果的学员及时给予适当的学术奖励，能有效保护和激励他们进行学术研究的积极性和创造性。

根据奖励的范围，学术奖励包括对学员研究成果的奖励和对学员研究行为本身的奖励。前者是依据成果水平的高低来衡量学员对知识发展的贡献；后者则侧重于对学员个体推动科学研究发展的贡献进行客观公正的评价。在理想状态下，凡是开展学术研究的学员及其科研行为都应该得到承认和激励，这种鼓励既可以是道德意义上的，还可以是经济意义上的。在现实中，学术奖励是院校基于学术资源状况做出的理性判断和制度安排，

① 江新华，徐驰野. 论学术奖励制度的内涵与构成[J]. 理论观察，2005（04）：46-49.

任何院校都不可能完全实现上述奖励目标。这就意味着，奖励的等级、数量的确定在一定程度上是奖励主体、受奖人、非受奖人等各参与方博弈均衡的结果。因此，建立并完善科学、公正和可行的奖励制度体系，是院校科研管理部门作为学术奖励的实施主体不可推卸的责任。

根据奖励的形式，学术奖励可划分为物质奖励和精神奖励。物质奖励是以各种物质待遇为主作为奖励手段的一种奖励形式，包括奖金、奖品、提供研究经费等，旨在满足获奖学员的物质需要；精神奖励则是以授予荣誉为主的一种奖励形式，如勋章、奖章、奖杯以及各种荣誉称号等，旨在满足获奖学员的精神需要。同一次性的物质奖励不同，精神奖励是以满足学员能力发展的精神需要为着眼点的一种内在激励方法，更注重学员的思想、情感和荣誉观念的作用，满足学员的成就感、荣誉感和自我实现的需求，具有时效性长的特点。

精神奖励与物质奖励的共同目的都是为了调动学员的积极性和创造性，二者相结合是一种行之有效的奖励方式。学员获得奖励后，获奖成果作为学员重要的科研学术业绩，进入其档案，会在获奖学员后续的学习工作中发挥正向激励的作用和影响，是促使学员自我发展完善和实现更高科研目标的重要动力。

（二）学术奖励的基本构成

学术奖励行为的主要构成包括合理的奖励条件，客观的奖励标准，适当的奖励形式和科学的奖励程序。

1. 合理的奖励条件。这是学术奖励行为的客观要件，要求学员具有良好的学术道德，热爱科学研究或技术开发工作；研究成果在学科领域中取得一定程度的突破；在科学技术创新、科学技术成果转化中能解决学术疑难问题或者实验技术难题。

2. 客观的奖励标准。学术奖励中应坚持客观、公正、公平的原则，坚持精神与物质奖励相结合，以精神奖励为主的原则，运用科学、公正和可行的方法对在专业领域取得重要进展、在关键问题的解决中做出创新的学术成果进行专业性地遴选和奖优活动，能切实提高学员学术研究的质量，并鼓励学员实践学术创新的信心和决心。

3. 适当的奖励形式。学术奖励应以一定的奖励形式表现出来，应视具体情况而定，以精神奖励为主、物质及经济奖励为辅。主要有：（1）发给奖金或奖品；（2）授予奖状或证书；（3）通报表扬；（4）通令嘉奖；（5）记功；（6）授予荣誉称号等。

4. 科学的奖励程序。实施学术奖励，必须符合一定的程序，对申报奖励的成果进行准确、合理的评价，否则会影响奖励的效力。一般而言，学术奖励主要包括申报程序和评审程序，要经过申报、遴选、评定、审批和授奖等环节。其中，评审程序有一级评审和多级（两级或以上）评审的区别：一级评审程序是指由申请奖励的学员个人或集体直接向科研管理机构提出申请或推荐后，由学术奖励评审委员会进行审议并评选出获奖项目、等级和数量。多级评审程序是采用多级申报程序的学术奖励，在逐级申报过程中由多级评审机构逐级进行评议、推荐，最后由奖励的终审评议委员会予以裁决，审定出获奖项目。

三、反对用不正当手段骗取学术奖励和荣誉

学术奖励根本目的是为了让学员创造出高水平的学术研究成果，其本质是根据研究成果的水平高低、贡献大小对学员的承认和激励。[①]学术奖励在激励学员创新能力提升的同时，也具有重要的价值导向作用，能够引导学员明确学术研究是对真理的非牟利的探索，学术奖励主要是荣誉性的，让学员在思想层面上领悟到学术诚信是科学研究活动中必须遵守的道德规范，是从事科研活动必须承担的责任和义务，只有遵守学术规范，才能在学术共同体中得到认可。军校要净化学术生态，加强对学员进行学术道德规范教育，避免出现学员因不了解学术规范而导致的技术性过失行为，将

---

① 王炎坤，刘燕美，黄灿宏. 试探科技奖励的本质[J]. 科学学研究，1996（02）：55-57.

学术不端行为扼制在萌芽状态。

通常，学术奖励制度设计的出发点都很理想很完美，但大量的问题往往出现在具体执行上，尤其是在申报和评审这两个环节上，往往存在故意隐瞒研究成果中存在的重大问题，故意夸大成果的学术价值等不正当手段骗取学术奖励的行为。

一般来说，研究成果只要符合某种奖项的奖励范围和申报条件，就可以向该奖评委会提出申报。但是，由于学术奖励的种类比较多，其授奖范围交叉重复，因此常常会出现一项成果同时申报几种同一层次学术奖励的情况，这也是有违学术道德要求的不端行为。

在申报奖励的时候，要保证报奖成果的真实性，应提交能有效证明成果先进性、创造性、新颖性的查新报告，附上有分量、有价值的、有说服力的佐证材料。这样，研究成果的可信度才高，竞争力才强，才可能得到更多的获奖机会和更高的获奖等级。

学术奖励的实施过程应坚持透明、公开、民主的原则，对评选实施全过程加强管理和监督，以保证公平竞争。评审过程中对申报成果进行评定的参考标准要规范，如转引次数、摘录次数、发表文章的数量和质量等；应将评价标准、评价结果和评价过程公布于众，接受全体学员的全方位监督；对剽窃等学术不端行为一经查证属实，应撤销奖励，追回证书和奖金，并给予通报批评，做出相应的处罚。

楷模篇

　　从程门立雪的当事人游酢、杨时，到正确对待学术优先权的达尔文，从喊出"科学没有国界，但科学家却应有他的祖国"的巴斯德，到为了全人类的利益而放弃元素镭的专利权的居里夫人，尊师重教、诚信待人、热爱祖国、崇尚真理等，这些古今中外圣贤们的高尚道德品质，是军校学员学术道德规范形成的基础。从"两弹一星"元勋钱学森、邓稼先、郭怀永，到新时期国家的科技精英袁隆平、金展鹏、林俊德、罗阳等，在他们身上，我们看到了军队的未来、国家的希望、民族的明天、人类的前景，他们的喜好恨憎，拓展了军校学员学术道德规范的时代内容。从严谨治学的高俊院士到善走"弓弦"的邬江兴院士，从不为金钱所动的许其凤院士到开创地图理论新天地的王家耀院士，他们是学术道德规范的模范实践者，是我们学习的楷模。

第三章 高风亮节的中外圣贤

古今中外高风亮节的圣贤们为我们树立了尊师重教、热爱科学、献身科学的榜样，其诚挚无私、谦逊质朴的高贵品质，对祖国、对人民的满腔热忱深深打动着我们。

第一节 程门立雪与尊师重教

尊师重教，是中华民族的传统美德。成语"程门立雪"家喻户晓，讲的就是尊师重教、恭敬受教的故事。

一、"程门立雪"的故事

据《河南程式外书》卷十二《候子雅言》记载，有一次，宋代人游酢、杨时一起去拜见理学家程颐，正赶上程颐闭目养神，虽然天空下着大雪，但为了不打扰老师休息，他们就一直冒雪站立在程家大门之外。待程颐醒后接见他们时，门外积雪已厚盈尺。程门立雪形容求学心切，尊敬老师，恭敬受教，这是中华民族传统文化的一个象征，也是我们社会文明的重要标志。

程门立雪

二、尊师重教的优良传统

教育事业是百年大计，所谓十年树木、百年树人，它关系着国家的文明程度和兴盛程度，也关系着国家和民族的未来。在《荀子·大略》中，荀子曾说："国将兴，必贵师而重傅，贵师而重傅则法度存；国将衰，必贱师而轻傅，贱师而轻傅则人有快。人有快，则法度坏。"教师在教育事业中起着至关重要的作用，肩负着为国家培养合格的建设者和中国特色社会主义事业可靠接班人的重任。正所谓国运兴衰，系于教育；教育成败，系于教师。

孔子杏坛讲学图

古人云："一日为师，终身为父。"古人的师生关系也确实如同父子，老师去世后，学生要像祭祀父母一样去祭祀老师。当年孔子逝世后，他的弟子们为他服丧三年后才各自离去。北宋抗金英雄岳飞不仅奉母至孝，而且尊师至诚。他的老师周侗去世后，岳飞以父礼安葬他，并且在每月的初一、十五之日，他都要祭拜恩师。

尊师，最重要的是在内心深处恭敬师长，首先体现在礼貌礼节上。比如，在课堂上，学员不应该玩手机、玩电脑、吃东西、睡觉、窃窃私语、旷课迟到；课堂下，学员不应该对教员布置的作业随便应付、见到教员视而不见。

军校学员学术道德规范读本

尊师，并不是狭隘地要求我们什么都听老师的，唯师命是从。我们内心恭敬教员，但这与我们独立思考、追求真理并不矛盾。古希腊哲学家亚里士多德说："吾爱吾师，吾更爱真理。"亚里士多德17岁拜柏拉图为师，追随老师20多年。在追求真理的道路上，亚里士多德的观点与他的老师产生了分歧，他很尊敬自己的老师，但这并不意味着他要放弃自己的独立思考，他勇敢、坚决地批评了老师的错误和缺点。有人指责他背叛了老师，对此，他说了这句流传至今的名言。同样的，我们学员在学习的过程中，要学会独立思考，要敢于创新。部分学员在课堂上记录下教员说的每句话，考试时死记硬背，这样囫囵吞枣得来的知识难以消化理解，并不是教员想要的尊重。我们常说，青出于蓝而胜于蓝。老师不会因为学生在学术上超过自己而难过，相反，老师会为学生因创新而取得的成绩感到骄傲自豪。韩愈在《师说》中讲，"弟子不必不如师，师不必贤于弟子，闻道有先后，术业有专攻"。学生在各自的岗位上做出卓越的成绩，是对老师最大的尊重。

尊师重教本质是尊重知识、尊重劳动和创造。今天，我们重温程门立雪等经典故事，就是要向古代贤良学习，真正把尊师重教落到实处。

第二节　一再推迟作品发表时间的达尔文

查尔斯·R·达尔文（Charles Robert Darwin，1809~1882年），19世纪英国著名博物学家，因创立"进化论"而享誉世界、流芳千古。

一、科学严谨，一推再推论文发表时间

1809年，达尔文出生在一个家境富裕的医生世家，他的爷爷和父亲都是成功的医生，自然想让他继承家族的学医传统。达尔文十六岁进入爱丁堡大学学习医学。但达尔文站在手术台前就恶心，因此他放弃了学医的打

算。家人又想让他成为一名牧师，于是他转入剑桥大学基督学院学神学。虽然达尔文是一名神学院的学生，但他的精力更多的是放在了观察动植物上。他从小就对植物、贝壳、昆虫等标本感兴趣，在剑桥大学学习期间，达尔文这一兴趣得到了自由发展，并逐渐引导他走上了博物学研究的道路。

达尔文肖像

达尔文痴迷于观察、收集动植物标本。曾经发生过一件非常有趣的事，这在他的自传中也可以看到，"有一天，我剥开一片老树皮，发现了两只稀有的甲虫，便用两只手各抓了一只；后来又发现了第三只另外一种的甲虫。我舍不得让它逃走，便把抓在右手的一只投进嘴里。哎呀！它却分泌出了极辛辣的液汁，把我的舌头烫得发烧，我只得把它吐掉了。结果一只甲虫跑掉了，而第三只也没有捉到。"①

这一时期，达尔文和剑桥大学的植物学家老师亨斯洛、地质学家老师赛治威客等人建立了良好的私人友谊。他的老师、植物学家亨斯洛给他提供了乘坐贝格尔号舰作环球航行的机会，他的父亲为他的航行支付了一笔可观的费用。可以说，经济上的稳定、广泛的社会关系，以及来自各方面的支持，为达尔文进行博物学研究提供了宽松自由的空间。

达尔文人生中这次非常重要的出海考察历时5年。航海途中，他收集了大量化石和动植物标本，并思考着物种灭绝、动物的地理分布和南美大陆、岛屿的形成等问题。航海期间，他与国内的老师保持着密切的互动，

① 查尔斯·R·达尔文. 达尔文进化论全集（第一卷）[M]. 叶笃庄，孟光裕，译. 北京：科学出版社，1994：51.

他写给老师亨斯洛的书信也被编辑发表。对于这次航行，达尔文认为是决定了他一生事业追求最重要的事情，使他完成了从一名神学院的学生向自然科学家的转变。

这次环球航行为他后来的研究提供了丰富、翔实的原材料，为他的学术研究奠定了基础。航行结束后，1839年他发表了《贝格尔舰环球航海行记》，同时他开始着手研究生物进化的问题，他相信所有的生物都是进化而来的。达尔文是一位严谨的科学家，他并没有轻易发表自己的见解，因为那时他还不能解释生物进化的原因和过程，于是他进行了长达二十年的生物养殖实验。在观察的基础上，经过长时间的酝酿和资料搜集整理，1842年，他用铅笔写了35页关于物种起源的初稿，两年后又把初稿扩充到230页，此时他的理论已经基本形成。但为了确保观点正确，论证科学严谨，达尔文仍坚持不发表，继续作动物解剖实验，反复进行验证。而这期间，达尔文已经病魔缠身。其实早在贝格尔号旅行时，达尔文就患了心脏病，从那时起，他几乎就再也没有像普通人那样健康地生活过。在《物种起源》写作期间，他每写二十分钟左右，就被头痛、痉挛所打断，工作两小时就要躺下休息一会儿。为了保证写作进度，二十年中他的睡眠每天从未超过四五个小时。[1]就是在这样的身体条件下，达尔文仍坚持高度严肃认真的科学态度，这是多么的难能可贵！

达尔文以他无限的耐心表达了他对科学的热爱。通过孜孜不倦地观察和积累，1859年11月，《物种起源》一书终于出版，"达尔文革命"正式拉开序幕。要知道，在《物种起源》出版之前，欧洲社会一直认为是上帝创造了地球上的各种动植物，并且创造出来后，永久不变。这一方面是受制于当时低下的科学水平，另一方面也反映出统治阶级为维护其统治的现实需求。因此，达尔文的进化理论问世后，对当时社会产生了巨大的影响，难怪西方有学者把19世纪的中期称为"达尔文时代"。据说，《物种

---

① 杨德容. 科学家与科学道德[M]. 第2版. 成都：四川教育出版社，1989：65.

起源》当时印刷了1250册，在一天内就抢购一空了。《物种起源》被翻译成各国文字，传遍世界。

二、诚实谦逊，能够正确对待荣誉

1858年6月18日，正在创作《物种起源》的达尔文突然收到了阿尔弗莱德·华莱士（Alfred Wallace，1823~1913年）的来信。后者是一位年轻的英国博物学家，自学成才，主要从事探险采集、博物研究工作。两人在1854年年初曾经有过短暂的会晤交谈，之后四年多并没有联系过。这封来自马来群岛的信中，附有一篇请达尔文校阅的论文，标题为"论变种无限离开原始型的倾向"。华莱士表示了曾经受到达尔文航海游记的影响，如果达尔文认为论文内容是有价值的话，想请他转交给当时著名的地质学家查尔斯·莱尔。

达尔文仔细阅读后，非常惊奇地发现论文的思想和自己的主要理论观点不谋而合。令其郁闷的是，如果华莱士的论文在自己著做出版前发表，就意味着自己将失去创立生物进化学说的优先权，那样自己多年来的心血将付之东流。尽管知道华莱士论文的发表对自己不利，但是达尔文没有产生过隐匿华莱士论文的念头，而是将论文转给了查尔斯·莱尔爵士，并说明可以单独发表华莱士的文章。达尔文的谦虚、坦荡、高风亮节，树立了一座科学道德的丰碑。

历史并没有忘记达尔文。在达尔文研究进化论过程中，常和他的科学家朋友们进行探讨，他的朋友们知道达尔文在这个研究领域已经做了很多前期工作。比如，植物学家胡克博士和地质学家查尔斯·莱尔爵士很早就读过达尔文关于生物进化的相关手稿。1857年10月，达尔文在写给美国波士顿的格雷·爱沙教授的信中，也阐述了他的相关论点，这些都发生在1858年华莱士给达尔文寄论文之前。胡克和查尔斯·莱尔就建议两人同时发表论文，但达尔文不同意，认为这么做会让华莱士觉得不公平。但在达尔文的朋友们看来，如果单独发表华莱士的论文，对达尔文也不公平，因为达尔文的研究确实更早、更成熟。就这样，在熟知达尔文研究工作的科学家朋友们的坚持下，达尔文的手稿摘录和华莱士的论文于1858年7月1日一并提交给林奈学会（为纪念瑞典博物学家林奈而成立的一个研究生物分类学机构），同时提交的还有1857年9月达尔文写给格雷·爱沙教授的信件摘要。

令人遗憾的是，两篇论文发表后几乎没有引起任何反响，直到一年之后，《物种起源》的出版，生物进化理论才被世人所关注。1862年，华莱士结束马来群岛的旅程后返回英国，登门拜访了达尔文。二人从此成为好朋友。达尔文不仅在学术上提携他，还在经济上帮助华莱士。为解决华莱士生活拮据的问题，达尔文亲自为他申请到了一笔每年200英镑的政府养老金。

达尔文学说也称为"达尔文—华莱士学说"，华莱士对能和达尔文共享荣誉感到非常高兴，他很清楚，如果不是达尔文，生物进化的自然选择学说就不会引起关注，而自己也不可能在学术界有那么高的地位。因此，他也总是把荣耀归于达尔文一人，并把自然选择理论称为"达尔文主义"。他是达尔文主义的主要倡导者和捍卫者，被胡克博士称为达尔文"真正的骑士"。达尔文和华莱士的友谊在今天仍被世人津津乐道。

达尔文是一位诚实、谦逊的科学家，他能实事求是地对待自己理论的缺陷。他说，"关于变异的规律，我们实在是无知的，我们所能够说明这部分或那部分发生变异的任何原因，恐怕还不及百分之一。"[1]

1882年4月19日，达尔文因病逝世。他与病魔斗争了四十多年，给后人留下二十多部科学著作，上百篇论文，他的生物进化论学说，是19世纪自然科学领域中三个伟大发现之一。他谦虚、谨慎、为科学献身的崇高精神永远值得我们学习。

---

[1] 法兰士·达尔文. 达尔文生平及其书信集（第二卷）[M]. 叶笃庄，孟光裕，译. 北京：生活·读书·新知三联书店，1957：426.

第三节 具有爱国情怀的科学家巴斯德

巴斯德（Louis Pasteur，1822~1895年），19世纪法国杰出的生物学家、化学家，他被称为"微生物学之父""进入科学王国的最完美的人物"。他说，科学无国界，但科学家有祖国。今天，我们不仅要铭记他伟大的科学功绩，更要学习他伟大的爱国精神。

一、一生成就显著，源于强烈的爱国情怀

1822年12月，巴斯德出生在法国东部裘拉省的一个小镇上，他父亲是拿破仑军队的一名退伍军人，家境并不富裕。他上学期间非常刻苦、认真，对化学、物理和艺术非常感兴趣。虽然在学校的表现很普通，但他非常爱问问题，喜欢刨根究底，这一点给老师们留下了深刻印象。

中学毕业后，18岁的巴斯德成为布山松中学的助教。他没有放弃学业，一心想投入到科学事业中，并立志成为教授。他一边教书，一边积极准备考大学。在复习备考期间，他经常去大学里旁听课程，在巴黎大学旁听了化学家让·巴蒂斯特·仲马的讲课，巴斯德非常尊敬老师，在他的后半生里，甚至在国际上他已声名显赫时，巴斯德始终尊称仲马为"先生"。功夫不负有心人，三年后，巴斯德考入法国著名的高等师范学校。毕业后，他成为斯特拉斯堡大学的一名化学教授。

巴斯德一生成就非凡，在发酵、细菌培养和疫苗研究等方面取得重大成就，而这些成就的取得都与他强烈的爱国情怀密不可分。他渴望通过科学使法国强大起来，他夜以继日、不知疲倦地工作，就是为了实现祖国富强和人类幸福。

蚕病的流行，使法国蚕丝工业每年损失约1亿法郎，几乎毁灭了法国的养蚕业和丝绸工业。1865年，法国农业部派巴斯德解决蚕病问题。其实，他对蚕病并不懂，甚至之前都没见过桑叶。但秉承"科学要有益于同胞，有益于国家、有益于全人类"，他临危受命。这期间，他经历了父亲和两个女儿的先后离世，巴斯德强忍失去至亲的悲痛，他说："每想到祖国困

难的时候，我就有了继续工作下去的勇气。"①他非常善于观察，留给世人的名言是，"在观察的领域，机遇偏爱那些有准备的头脑。"他虽然眼睛深度近视，但能看到别人看不到的东西。经过耐心地显微解剖观察和研究，巴斯德终于弄清了蚕病的致病微生物，并找到了防治蚕病的办法，复苏了法国濒于倒闭的丝绸工业。

巴斯德的科研成果大度和我们的生活密不可分。比如，我们喝的牛奶或酸奶都要经过巴氏杀菌，才能达到安全饮用的标准。巴氏杀菌方法的产生就来源于巴斯德为解决葡萄酒变酸的问题。法国盛产葡萄酒，但葡萄酒常常会变酸，变酸后只能白白的倒掉，这使葡萄酒商非常痛心，有的商人因此而破产，国家损失也非常惨重。1865年，里尔一家葡萄酒厂主请巴斯德帮忙给他的葡萄酒"看病"，看能否找到方法来阻止葡萄酒变酸。为了减少国家损失，巴斯德决定试一试。他坚持把实验步骤和实验结果及时详细地记录下来，经过反复研究实验，他发现把酒放在50~60℃的环境里，保持半个小时，就可以杀死使酒变酸的乳酸杆菌。在长期的发酵研究中，巴斯德发现，引起有机物腐败变质的原因是微生物的活动，而用高温热处理可以破坏食物和饮料中的病原微生物，发明了"巴斯德灭菌法"，挽救了法国的制酒业和牛奶业。

"巴斯德灭菌法"还引发了一场医学革命。在那个年代，因为手术后伤口腐烂或感染而导致外科手术死亡率非常高，巴斯德发明了加热杀菌法，这一方法应用到外科手术中，使死亡率大大下降。英国外科医生李斯特是第一个把巴斯德的杀菌法应用到外科手术中的，两年内外科手术死亡率从90%降到15%。"巴斯德灭菌法"改变了这一切，拯救了千万人的生命，在医学史上写下了光辉的一页。

巴斯德最辉煌的功绩还是他对狂犬病的征服，他是狂犬病疫苗的发明者。1881年，巴斯德组成一个三人小组开始研制狂犬病疫苗。为了找到病

---

① 帕特里斯·德布雷. 巴斯德传[M]. 北京：商务印书馆，2000：212.

原体，他经常冒着生命危险进行实验。一次，为了搜集一条疯狗的唾液，巴斯德竟跪倒在狂犬的脚下，耐心等待它的分泌。面对有人向他说传染病的危险，他回答说："那有什么要紧呢？危险中的生活是真生活，牺牲者的生活，是有价值的生活！"①这种为了科学而把死亡威胁置之度外的崇高献身精神，值得我们赞颂和学习。

经过反复的实验和研究，他发现，把从死于狂犬病的动物身上提取的脊髓组织制成疫苗，注入到别的动物身上，可以治愈狂犬病。但对于这种疫苗是否适用于人类，却没有定论，巴斯德本来打算在自己身上做试验的。还没等他开始试验，1885年7月的一天，九岁的法国小孩迈斯特被一只狂犬咬伤了14处，很多医生都束手无策，迈斯特的母亲苦苦哀求巴斯德，巴斯德犹豫不决，他并不是一名医生，要知道在人身上注射狂犬疫苗有可能会出现意料之外的危险，到时候，小孩的死亡，母亲的哀伤，还有面对医学界反对他的人暴风雨般的攻击……但是这种疫苗在动物身上已经证明非常有效，至于个人得失，比起挽救一个生命更是微不足道。最终，巴斯德接受为小迈斯特治疗的请求。巴斯德每天为这个孩子注射一支狂犬病疫苗，两周后，小迈斯特转危为安，成为由巴斯德治愈的第一个狂犬病患者。至此，巴斯德研制的狂犬疫苗开始为人类服务。后来，狂犬病疫苗经过不断改进，拯救了无数病人，为人类健康做出了卓越贡献。

巴斯德在实验室

① 帕特里斯·德布雷. 巴斯德传[M]. 北京：商务印书馆，2000：486.

二、因为爱国，他甘愿放弃博士学位

巴斯德的卓越贡献，使他在整个欧洲都享有很高的声誉。法国政府颁给他最高奖——1867年度法国大奖章。次年，普鲁士伯恩大学授予他"医学博士"。

巴斯德热爱科学，更热爱他的祖国，任何时候都将祖国的利益放在首位。1870年7月，普法战争爆发后，不少法国的科学家和艺术家去了国外，意大利政府也一再邀请他去意大利工作，并承诺提供研究所需要的一切便利及实验室全部经费，可他不愿意在祖国遭遇不幸时弃她而去，他拒绝了，并在回信中说，"假如我贪图比祖国所能给予我的更好一些的物质上的需要，而把我灾难中的祖国丢在一旁不管，我感到自己像个叛逆者"。①

为了保家卫国，抗击侵略者，巴斯德将唯一的儿子送上前线，他自己也报名参加了"国民自卫军"，但由于前期潜心研究，积劳成疾，他左半身瘫痪不能自由行动，只好作罢。1871年1月，法国战败投降，向普鲁士割地并赔款50亿法郎。巴斯德知道这个消息后，十分愤怒，一方面，他将普鲁士伯恩大学的博士证书退了回去，并在给伯恩大学校长信中写道："今天，我一见到这纸文凭就使我深恶痛绝，当我见到我的名字列入你们授勋的最著名人物中，见到我的名字置于从今以后遭到我国诅咒的威廉国王的庇护之下，我觉得受到了冒犯。"②他以这种方式表达了他对祖国的爱，对侵略者的恨。另一方面，他用科学报效国家，在蚕病研究基础上，他又成功地对鸡霍乱病、猪丹毒病、牛羊炭疽病等传染病进行了研究，找到致病的病原菌并制出防治的疫苗。

巴斯德一生对科学和人类贡献多多，他所获得的荣誉和奖励也不计其数。40岁那年他被选为法国科学院院士，之后相继获得英国皇家学会会

---

① 帕特里斯·德布雷. 巴斯德传[M]. 北京：商务印书馆，2000：276.
② 帕特里斯·德布雷. 巴斯德传[M]. 北京：商务印书馆，2000：277.

员、法兰西学院院士、法国科学院永久秘书等学术头衔，在国际学术界享有极高的声望。他谦虚地把所取得的荣誉首先归功于祖国，其次才是他的合作者和本人，显示了伟大科学家的高尚品质。

对于巴斯德的贡献，英国生物学家、《天演论》的作者托马斯·赫胥黎曾经评论说，"普法战争"后法国了赔偿50亿法郎，但巴斯德的发明一年所产生的经济效益就足以抵偿这个损失了。

第四节　为全人类利益放弃专利权的居里夫人

居里夫人（Marie Skłodowska-Curie，1867~1934年），法籍波兰科学家，出生于波兰华沙市，后因在法国巴黎求学期间认识了年轻的法国物理学家皮埃尔·居里（P. Curie，1859~1906年），二人志同道合，于1895年结为夫妇，定居法国。居里夫人一生中获得过两次诺贝尔奖，分别是诺贝尔物理学奖和诺贝尔化学奖。她为了全人类利益而主动放弃放射性元素镭的制取及使用专利权，彰显出一个科学家的崇高的人文情怀。

一、为了全人类的利益，她放弃镭的专利权

作为一名伟大的科学家，居里夫人在科研起步时便表现出过人的胆略和远见卓识。当时，她在选择博士论文题目时，本可以熟门熟路地选择研究回火钢、磁化钢等相关课题，这是她硕士期间研究的内容；也可以选择做皮埃尔·居里的助手，当时她的丈夫已经是年轻的物理学家，她做一些辅助性的工作也可以让她在学术界获得一席之地。但她另辟蹊径，选择了前沿冷门的铀盐射线作为研究课题。后来，她的丈夫也加入到她的研究工作中。

居里夫妇的成就是在极端困难、非常简陋的环境下取得的。他们没有科研经费，实验室是一个没人用的棚屋。炼制镭的工作需要在露天进

行，居里夫人经常用一根和她差不多高的铁条，搅动沸腾的沥青。由于没有科研助手，居里夫人通常既是研究员，又是体力工，每天工作结束回到家，她都累得筋疲力尽。历经千辛万苦，经过四年的奋斗，他们才发明了提炼放射性元素镭的技术，并从8吨沥青铀矿中提炼出了非常宝贵的1克氯化镭。

发现镭的消息迅速传遍欧洲，让人兴奋的是，它可以用来治疗癌症。好多资本家知道后，想从中牟利，纷纷找到居里夫妇，愿出重金购买他们的发明。摆在居里夫妇面前的有两种选择：一是将自己的成果申请专利，很快就能成为百万富翁甚至

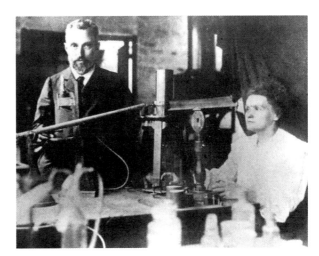

居里夫妇在实验室

亿万富翁；二是将科研成果公开，无私地献给全人类。一天，居里对妻子说："亲爱的，该是做出选择的时候了，我们要么将成果公开，要么立即登记专利取得专利权，该怎么做呢？"当时居里夫妇生活并不富裕，他们还常为研究经费发愁，居里夫人是很注意节约每一分钱的，有一个细节是她在实验室工作时穿的那套黑色裙子已经穿了好多年。居里夫人是这样回答她的丈夫的："我们决不能违反科学精神，决不能从中牟利。我决定把它献给全人类。"[①]结果，他们拒绝了前来购买成果的商人，却把包括制镭程序在内的全部科研成果公开发表，把技术无偿提供给各国科学家和各国的制镭工厂，放弃了申请专利权，这使制镭工业和放射化学得以快速发展

---

① 李安平. 荣获两次诺贝尔奖的女科学家居里夫人[J]. 科学新闻周刊, 2000（11）: 20.

起来，也推动了镭的医学应用研究，为人类的医疗健康事业做出了贡献。

二、居里夫人的高贵品格和人格魅力

1903年11月，居里夫妇和另外一个科学家贝克勒尔因发现放射性元素，共同分享了当年度诺贝尔物理学奖，居里夫人成为有史以来第一个荣获诺贝尔奖的女科学家。不幸的是，1906年，皮埃尔·居里因车祸遇难逝世，居里夫人失去了她最忠实和亲密的战友。居里夫人是位伟大、坚强的女性，当时法国政府决定给她一笔国家抚恤金，但居里夫人拒绝了，她说："我不要抚恤金，我还年轻，能赚出我和我女儿们的生活费。"居里夫人化悲痛为力量，继续顽强地投入到他们未竟的科学事业中。1911年居里夫人再次荣获诺贝尔化学奖，成为自诺贝尔科学奖设立以来，首位先后两次获得此奖的科学家。作为一名女性科学家，她则成为独一无二的两次诺贝尔奖的获得者。同年，居里夫人当选为法国科学院院士，成为法国科学院的第一位女院士。

居里夫人一生拥有过3克镭，她从没有想过据为己有。居里夫人成名后，一名美国女记者访问她，在谈到放弃申请专利权时她曾说："我们拒绝任何专利。我们的目的是促进科学发展，镭的发现不应该只是为了增加任何个人的财富。它是一种天然元素，应该属于整个人类。"这名记者问她："如果世界上所有的东西任你挑选，你最愿意要什么？"她回答："我很想有1克纯镭来进行科学研究，我买不起它，它太贵了！"原来，皮埃尔去世后，她把她和丈夫共同提炼的那1克价值超过百万法郎的镭，赠送给了巴黎大学实验室。这位记者深深地被居里夫人的高贵品质打动了，回到美国后，她写了大量介绍居里夫妇的文章，并号召美国人民行动起来，赠给居里夫人1克纯镭。1921年5月，美国总统哈定在白宫亲手把这克镭转赠给居里夫人。就在赠送仪式的前一天晚上，居里夫人在仔细读完文件后说："美国赠给我的这1克镭，应该永远属于科学，而绝不能成为我个人的私产。"她坚持在文件中注明这克镭属于她的实验室。

对此她在自传中曾写道："人类不可缺少具有理想主义的人，他们追求大公无私的崇高境界，毫无自私自利之心，无暇顾及自身的物质利益。这些理想主义者因为无意追求物质享受，因此也没有物质享受的可能，即使是为了科学，也不能将科学的成果据为己有。"[1]

居里夫人深深爱着她的祖国。当她发现了第一种新放射性元素时，为它取名为钋（Polonium）来纪念惨遭沙俄奴役的祖国。她对丈夫动情地说："我侨居在远离祖国的土地上，但是我要让祖国的名字永远铭刻在人们的记忆中。"在捐赠给她1克纯镭之后数年，美国民众再次为她捐赠了1克镭，她转赠给了自己的祖国波兰。

对第二祖国法国，居里夫人也表现出了高度的爱国热情。尽管她在法国受到了许多不公平的待遇，法国科学界顽固保守势力也给了她不少冷遇和打击，可是居里夫人并没因此怀恨法国和法国人民；相反，她对法国同样具有很深的感情。"一战"期间，她停下手头的科学研究，用自己的学识报效国家。她组织了医疗队，并亲自担任队长，设计移动X光汽车和X射线室，培训放射科护士，用她的镭和X射线来救护伤员，积极投身到保卫法国的战斗中。

居里夫人一生淡泊名利。曾经有这样一个故事：一天，一位朋友到她家做客，他看到居里夫人的小女儿手里玩着的正是英国皇家学会授予居里夫人的一枚金质奖章。要知道英国皇家学会颁发的金奖，那是极高的荣誉。他非常吃惊，问居里夫人，这么高的荣誉怎么能让小孩子随便拿着玩呢？居里夫人是这样回答的："我只是想让孩子从小就知道，荣誉就是玩具，只能看看而已，决不能永远守着它，否则就将一事无成。"

居里夫人在自传中写道："我的生活都是一些很平凡的、很单调的小事，哪能写出一本书呢。我生于华沙一个教师的家庭。成年后，我同皮埃尔·居里结婚，有两个女儿。我在法国工作。"[2]这个简朴的自传是她风格

---

①② 玛丽·居里. 居里夫人自传[M]. 杨建邺，译. 北京：中国致公出版社，2003：8-45.

的写照。

居里夫人为人类贡献了镭，治愈了很多癌症患者，她自己却在没有防护设施的工作环境中从事了三十五年的镭元素研究，加上"一战"期间为治疗伤员建立X射线室的工作，日积月累，大量放射性物质长期积蓄在她的体内，严重损害了她的健康，造成她严重贫血。1937年7月4日，居里夫人离开了人世。她一生为科学所做的贡献将世代造福于人类，她伟大无私、谦虚质朴、热爱祖国、忘我献身的高贵品质将永远铭记在我们心中。①

---

① 吕增建，陈小敏. 玛丽·居里夫人的高贵品格和人格魅力[J]. 科技信息，2009（27）：16.

第四章 当代中国的科技精英

一批中国的科技精英怀着国家富强、民族振兴的历史使命感，投身到科技强国的伟大事业中，在中国乃至世界科技史上谱写了一代科技工作者淡泊名利、甘于奉献、求真创新的辉煌篇章。他们的爱国主义情怀、科学求真精神、严谨细致作风以及献身科学的品质，是我们终身遵循的榜样和不断前行的标尺。

第一节 "两弹一星"元勋

新中国在成立初期，经济上一贫如洗，科学技术、工业基础更是远远落后于世界强国。20世纪50年代中后期，以美国为首的西方国家对我封锁包围，苏联背信弃义，撤走专家、撕毁合同。面对严峻的国际形势，以毛泽东为核心的第一代党中央领导集体，为了抵制上述国家的武力威胁和核讹诈，保卫新中国的安全，果断做出了自力更生独立进行"两弹一星"研制的重大战略决策。来自全国各个地域的大批优秀科技工作者，积极响应党和国家的召唤，告别家人，汇聚到中国大西北，在一望无际、荒无人烟的戈壁滩上，在国家经济、技术基础薄弱和工作条件十分艰苦的情况下，克服重重困难，完全依靠自己的力量，仅用大约10年就创造了"两弹一星"的人间奇迹，极大地增强了我国的国防实力，提高了我国的科研水平，鼓舞了国人的士气，改变了我国受列强武力威胁的命运。

由于"两弹一星"工程的特殊性，其研制过程一直处于高度保密状态，直到20世纪80年代随着有关文件的陆续解密，国内外对"两弹一星"的报道才陆续面世。1999年党中央、国务院、中央军委对当年为研制"两

"两弹一星"实验人员合影

弹一星"做出突出贡献的23位科技专家予以表彰，这些由于工作的需要而隐姓埋名甚至改名换姓的功臣，才开始走入人们的视野。时至今日，那些在当年曾为国家民族做出重要贡献的英雄，其中部分人仍然鲜为人知。半个多世纪过去了，"两弹一星"元勋们逐渐老去，可是人们对航天科技的探索仍在前行，"两弹一星"的科研人员为了追求民族的进步、维护国家的利益，艰苦奋斗、刻苦钻研、不计得失、求真务实的"两弹一星"精神，对我们的科研和道德建设仍具有重要的指导和借鉴意义。

一、魂系中华赤子心的钱学森

• 我们不能人云亦云，这不是科学精神，科学精神最重要的就是创新。

• 我姓钱，但我不爱钱。

• 我在美国前三四年是学习，后十几年是工作，所有这一切都在做准备，为了回到祖国后能为人民做点事。因为我是中国人。

● 我个人仅仅是沧海一粟，真正伟大的是党、人民和我们的国家。

● 常常是最后一把钥匙打开了神殿门，不要失去信心，只要坚持不懈，就终会有成果的。

钱学森1911年12月11日生于上海；1929年，考入交通大学机械工程系，攻读铁道机械工程；1934年从交通大学毕业后，获得了清华大学公费留学资格，开始在美国麻省理工学院航空工程系学习，获硕士学位；1936年转学到加州理工学院，开始转向航空工程理论的研究工作；1938年获加利福尼亚理工学院博士学位。获得博士学位后，钱学森留在美国任教，并从事火箭研究。

在此期间，他和导师冯·卡门共同创立了举世闻名的"卡门-钱学森公式"，该理论的提出和证明，为克服早期飞机热障、声障提供了理论依据。他发表的"时速为1万公里的火箭已成为可能"的火箭理论更使他誉满全球。"二战"期间，钱学森跟随冯·卡门参与了当时美国的"曼哈顿工程"这一绝密的核武器研制开发工作，成为稀世的导弹人才。1953年，钱学森发表了《从地球卫星轨道上起飞》，为低推力飞行力学奠定了基础。1955年回国前，他向冯·卡门告别时，冯·卡门激动地说："你现在在学术上已超过了我！"①

新中国的成立让钱学森欢欣鼓舞，他希望用自己的专长为国家建设服务，从此便踏上了艰难的回国之路。1950年7月，他找到主管他研究工作的美国海军次长金布尔，声明自己准备立即动身

钱学森

---

① 刘慧平. "两弹一星"科研群体及其对当代高校科研的启发分析[D]. 苏州：苏州大学，2008：8-26.

回国。金布尔听后愤怒地咆哮："我宁可把他枪毙了，也不让这个家伙离开美国！""钱学森无论放在哪里，都抵得上五个师。"①随后，钱学森失去了5年的自由。

1955年6月的一天，钱学森摆脱特务监视，成功地将一封信辗转寄给中国政府，请求祖国帮助他早日回国。在周总理的亲自关怀下，通过中国政府的外交努力，直至1955年10月，钱学森冲破美国政府的阻挠，终于回到了祖国的怀抱。后来钱学森的夫人蒋英回忆那段刻骨铭心的经历时说："我们总是在身边放好三只轻便的箱子，天天准备随时获准搭机回国。可以讲，他最后是作为'美国犯人'被驱逐出境的。"②

回国后不久，钱学森便一头扎进了环境极为恶劣的大西北，在人迹罕至的戈壁荒漠中搞实验，一干就是几个月，和家人没有任何联络。有时，他神不知鬼不觉地回家，妻子问他去哪儿了，他只是淡淡一笑，就算支应过去。"那时候，他什么都不对我讲。我问他在干什么，不说。有时忽然出差，我问他到哪儿去，不说；去多久，也不说。他的工作和行动高度保密，行踪不要说对朋友保密，连我们家人也绝对保密。"③

有一次，钱学森又"出差"了，一去又是几个月，杳无音信。焦急万分的蒋英，甚至去一位国家领导人那里打听他的下落。而此时的钱学森正在戈壁荒漠紧张地进行着"东风一号"近程导弹的发射准备工作。

1960年11月5日，新华社发了一条电讯通稿，内容是中国第一枚"东风一号"近程导弹在中国西北地区发射成功。蒋英这才猜到了钱学森的去向，经"质问"果然猜中了。此后，钱学森又有多次"失踪"，而每次"失踪"都会给祖国和人民带来惊喜。

与热情报国形成鲜明对照的是，钱学森对名利极为淡泊。在与别人

① 蔡旭东. 平生无意逐虚名 惟尽科学事业情[N]. 大众科技报，2009-10-13.
② 余玮. 夫人眼中的"中国导弹之父"钱学森[J]. 党史纵览，2012（06）：45-50.
③ 中国新闻网. 钱学森和蒋英感情生活：相恋时彼此都在恋爱中[EB/OL].（2011-12-21）
[2015-10-18]. http://www.chinanews.com/cul/2011/12-21/3549293.shtml.

钱学森与毛泽东

的书信中，钱学森反复强调，原子弹、氢弹、导弹卫星的研究、设计、制造和实验，是几千名科学技术专家通力合作的成果，不是哪一个科学家独立的创造。他一向反对人家称他为"导弹之父"。他说，爱因斯坦上书罗斯福开始了世界上最早的原子弹的研制，但无人称爱因斯坦为"原子弹之父"。"在科学上，没有什么认识是最后的。在任何新的领域，我们都是小学生。"

1985年钱学森拒绝了美国授予他的美国科学和工程领域的最高荣誉——美国国家科学奖，他绝不愿意个人得到所谓的大奖而损害了民族尊严。1994年钱学森获得何梁何利基金奖，奖金100万港币；2001年又获得霍英东"科学成就终生奖"，奖金也是100万港币，这两笔奖金的支票还没拿到手，钱学森就让秘书代他写委托书，将钱捐给祖国西部用于治理沙漠事业，在将奖金捐出时，钱学森说："我姓钱，但我不爱钱。"

曾有人这样评价钱学森：大千宇宙，浩瀚长空，全纳入赤子心胸。惊世两弹，冲霄一星，尽凝铸中华豪情，霜鬓不坠青云志。寿至期颐，回首望去，只付默默一笑中。①钱学森不仅以严谨和勤奋的科学态度在航天领域为人类的进步做出卓越的贡献，更以淡泊名利和率真的人生态度诠释了一个科学家的人格本性，他是一面科学的旗帜，是中华民族当代知识分子的典范，值得我们每一个人尊重和学习。

二、不盲从权威的邓稼先

- 一不为名，二不为利，但工作目标要奔世界先进水平。

- 未来工作是一项崇高的事业，做好这件事，我这一生就过得很有意义，就是为它死了也值得。

- 我不爱武器，我爱和平，但为了和平，我们需要武器。假如生命终结后可以再生，那么，我仍选择中国，选择核事业。

邓稼先出身书香门第，1945年赴美国印第安纳州普渡大学进修，1950年在获得博士学位后的第九天回到了一穷二白的中国。回国后邓稼先被安排在近代物理研究所，与著名科学家钱三强、彭桓武等一起进行核物理理论的研究。因为当时他只有27岁，所以大家都亲昵地叫他"娃娃博士"。1958年7月，我国成立了核武器研究所。8月的一天，二机部副部长钱三强找到邓稼先，说"国家要放一个大炮仗"，征询他是否愿意参加这项必须严格保密的工作，他一听就明白是搞原子弹研制，不假思索就同意了。从此，他开始了长达28年的隐姓埋名，他的身影只出现在被严格警卫的深院和大漠戈壁，甚至连他的妻子，都不知

"两弹元勋"邓稼先

① 2007年感动中国年度人物颁奖词。

道他在哪里工作，每天都在做什么。

因当时世界各国都对原子弹理论高度保密，可参考的资料非常少，研究常常陷入困境。当时唯一可供参考的内部资料是苏联总顾问向我国部长介绍情况的一份口授的且极其简要的记录。那时邓稼先正率领从名牌大学挑选来的28名大学毕业新生学习与原子理论有关的外文原版经典著作。他们遇到的第一个难题就是验证苏联专家提供的一个关键数字：原子弹爆炸时其中心压力将达几百万个大气压。而他们的计算结果总是与这份资料上的数据有出入。这在当时引起了激烈的争论：一些人坚决相信苏联专家，坚持认为资料上的记载是正确的，我们之所以在理论上算出另一数值是由于我们"不懂"。对此，邓稼先并不盲从苏联专家的权威，他率领学生们一周工作7天，每天三班制，运用手摇式计算机和算盘这些古老的计算工具，进行着极为复杂的原子理论计算。每进行一次这样的计算需要一个多月的时间，用掉几百公斤的稿纸。这样的计算他们一共进行了9次，花费一年多时间。最终，邓稼先他们否定了苏联专家的数据，刚刚应召回国的周光召又以他特有的敏锐和智慧做了一个"最大功"的计算从而结束了这场争论，让大家确信算不出的原因是由于资料上的误记。

否定了错误的数字，邓稼先又马上率领学生继续寻找正确的数据，在经过他们严谨周密的复杂计算之后，终于在一天深夜找到了这个关系到中国第一颗原子弹成败的关键数字。正是由于他们不畏权威、勇于怀疑和求证的科学态度，邓稼先和同事们在此后的时间里，攻克了一个个科学难关，使我国的两弹研制以惊人的速度前进。

1964年10月，由邓稼先最后签字确定设计方案的我国第一颗原子弹爆炸成功。身为核武器的技术总指挥，在一次核事故中，他命令其他工作人员原地不动，只身一人来到现场，用双手捡起碎片，亲自检验事故的性质。由于遭受到极为严重的核辐射，邓稼先的健康受到很大损害。1985年，隐姓埋名了28年的邓稼先回到北京，这时已是身患绝症，他在生命中的最后一个国庆节提出的要求就是去看看天安门。

邓稼先由于功勋卓著，得过许多大奖，不少人问过他得到多少奖金，他总是笑而不答。1986年5月，在邓稼先病危期间，他的挚友杨振宁从美国赶回来看望他，杨振宁也问到了奖金的事，邓稼先夫人许鹿希回答说奖金是10元，邓稼先补充说，是原子弹10元，氢弹10元。当时杨振宁以为他们在开玩笑，许鹿希严肃地说，这是真的。原来，1985年国家颁发原子弹特等奖的奖金总额是1万元，单位里人人有份儿，按照10元、5元、3元三个等级发的。从1964年10月16日第一颗原子弹爆炸成功，到1985年国家首次颁奖的21年中，他没有获得过任何奖状，也没有一分奖金。在他眼里，奖金只是身外之物。邓稼先去世后，国防科技成果办公室追授他"原子弹的突破及武器化""氢弹的突破及武器化"两个特等奖的奖金共1000元以及另外两项特等奖各1000元，他的家属把这些钱全部捐给了九院的科技奖励基金会。①

"踏遍戈壁共草原，三十五年前。连克千重关，群力奋战君当先。捷音频年传，蔑视核讹诈，华夏创新篇。君视名利如粪土，许身国威壮河山。哀君早辞世，功勋泽人间。"②这是张爱萍将军为悼念邓稼先而写的一首词，也是对这位为祖国强盛默默无闻奋斗数十载的英雄一生的高度概括。

三、用生命保护国家绝密数据的郭永怀

• 中国是我的祖国，我想走的时候就要走。

• 当年我们过境踏上国土时，首先看到的是几间灰秃秃的小屋和穿着灰色制服的边防战士，而高高飘扬的五星红旗非常醒目，它使我们大家感到兴奋又温暖。

• 作为一个中国人，特别是革命队伍中的一员，我衷心希望我们这样

---

① 方玉. 新中国：自主创新铸辉煌[N]. 中国信息报，2006-02-08.
② 叶学贤. 邓稼先：为了那一柱耀眼的蘑菇红云[EB/OL]. （2015-10-08）[2014-10-11]. http://news. xinhuanet. com/yuqing/2015-10/08/c_128295769. htm.

一个大国早日实现现代化，早日建设成繁荣富强的社会主义国家，以鼓舞全世界的革命人民。

郭永怀是不为很多人所熟知的名字，却是我国"两弹一星"元勋中唯一的一位烈士。

郭永怀于1909年4月4日出生在山东省滕家镇西滩郭家村一个普通农家。1939年12月，郭永怀曾有机会赴加拿大留学，但当他和同伴登船时发现自己的护照竟是日本政府签发的，便愤然放弃了留学机会，直到1940年，几经波折后的郭永怀才重新获得去加拿大多伦多大学学习的机会。

1941年5月，郭永怀转到当时国际空气动力学的研究中心——美国加州理工学院继续攻读博士学位，在航空大师冯·卡门的指导下，主要研究空气动力学。1946年获得博士学位的郭永怀到康奈尔大学任教，在此期间，他与钱学森合作发表了震惊世界的重要数论论文，为解决跨声速飞行问题奠

郭永怀手拿爆炸成型试件

定了坚实的理论基础，令当时的美国专家对他刮目相看，并最终成为康奈尔大学航空研究院的三个著名攻关课题主持人之一。

美国有关部门曾问郭永怀为什么要到美国来，他坦率地回答，是为了将来回去报效祖国。这一回答使他被禁止进入美国与国防尖端技术有关的实验室去工作。实际上，郭永怀在美国也一直拒绝接触机密，因为只有这样才有更大的希望回国。

郭永怀一直在等待着机会，希望有一天可以用他的科学知识为祖国服务。抗美援朝结束后，在中国政府的努力下，美国政府最终取消了禁止

中国学者出境的禁令。郭永怀的夫人李佩教授回忆说："禁令一取消，老郭就坐不住了，整天和我盘算着回国的事。美国的许多朋友包括已经加入美国国籍的华人朋友劝他，康奈尔大学教授的职位很不错了，孩子将来在美国也可以受到更好的教育，为什么总是挂记着那个贫穷的家园呢？不劝倒罢，劝的人越多，老郭越来火，他说，家穷国贫，只能说明当儿子的无能！"①在钱学森的召唤下，怀着强烈的报国情怀，1956年10月，郭永怀拒绝了康奈尔大学的百般挽留，毅然放弃优厚条件，与夫人李佩回到阔别16年的祖国。

回国后，郭永怀就和钱学森等人投身于刚组建的力学研究所的科技领导工作。在党中央决定自行研制核武器后，面对祖国的需要，郭永怀毫不犹豫地投身到了研制原子弹的秘密工程中。

为了加快核武器研制，1963年中央决定科研队伍迁往海拔3000米以上的青海基地进行试验，郭永怀经常在北京和青海之间奔波。1968年12月4日，在青海基地的郭永怀，在试验中发现了一个重要线索，决定搭乘夜班飞机尽快赶回北京。他甚至在转乘飞机的间隙里，还认真地听取了课题组人员的情况汇报。5日凌晨，飞机即将降落在首都机场，但在离地面400多米的时候，飞机突然失去了平衡，偏离降落的跑道，一头扎进了1公里以外的玉米地里，一声巨响，飞机前舱碎裂，腾起一团火球……

当人们从飞机残骸中找到郭永怀的遗体时，他与警卫员牟方东紧紧地抱在一起，人们费力地将烧焦的两具遗体分开后才发现，郭永怀的那只装有绝密资料的公文包完好无损地夹在他们胸前。在生命将尽的瞬间，他用身体保护了对国家科研事业极为重要的资料。

其实，聂荣臻元帅就曾提醒过郭永怀，国内的飞机还不够成熟，他经常在西北的戈壁试验场和北京之间来回穿梭指导工作，来回最好还是坐火

---

① 金志涛，王世波，许运江，孙宗勇，田宏耀，卢杰. 永不陨落的"两弹"之星[N]. 人民日报，2000-12-27.

车。但是从北京到青海的火车一个单程就得两天，飞机仅需几个小时，所以郭永怀总是选择乘坐飞机往返，这样可以节省更多的时间用来工作。①

在郭永怀牺牲后的第22天，我国第一颗热核导弹试验成功。在他牺牲不到两年后，我国第一颗人造卫星发射成功。1968年12月25日，中华人民共和国内务部授予郭永怀烈士称号。1999年9月18日，在表彰为研制"两弹一星"做出突出贡献的科技专家大会上，郭永怀被追授"两弹一星功勋奖章"。②

中科院力学所内的郭永怀塑像

后来，郭永怀的夫人把郭永怀和警卫员小牟的骨灰从八宝山迁到中科院力学所，安置在办公室楼下汉白玉的郭永怀雕像下，让他们永远守望着他们热爱并为之付出生命的事业。他的许多学生至今追忆起他，仍然泣不成声，仍能从他的精神里汲取无穷的力量。他们说：这种悲痛持续了几十年，这种力量也鼓舞了他们几十年。人们为怀念郭永怀，在绵阳的实验基地，建了一座纪念亭，张爱萍将军亲书"永怀亭"。如今，这座亭子，连同郭永怀崇高的精神风范，已成为一个神圣的象征。

---

① 孟兰英. 早逝的"两弹一星"元勋——郭永怀[J]. 党史纵览，2009（01）：14-17.

② 《百年潮》特约记者. 永远的怀念——记"两弹一星"功勋科学家郭永怀[J]. 百年潮，2006（08）：10.

第二节　新时期科技英才

改革开放30多年来，随着我国经济实力的增强，我国科技发展战略决策与部署与时俱进，取得了辉煌的成就。科技发展为经济发展、社会进步、民生改善、国家安全提供了重要支撑和有力保障，其整体水平已位居发展中国家前列，有些科研领域的整体实力已跻身世界先进行列。这些成就的取得，汇聚着一群科技英才的智慧贡献和汗水浇灌。

一、以身试药的诺贝尔奖获得者屠呦呦

● 我是搞医药卫生的，就为了人类健康服务，最后药做出来了，是一件挺欣慰的事。

● 我觉得荣誉本身就是一个责任。荣誉越多，你的责任就更多一点。

● 与获奖相比，我一直感到欣慰的是在传统中医药启发下发现的青蒿素已拯救了全球数以百万计疟疾病人的生命。

● 交给你任务，对我们来说，就是努力工作，把国家任务完成。

2015年10月5日，诺贝尔生理学或医学奖揭晓，中国科学家屠呦呦和另外两名科学家获奖。屠呦呦成为第一位获得诺贝尔科学奖项的本土中国科学家、第一位获得诺贝尔生理学或医学奖的华人科学家。这一消息令国人振

诺贝尔奖获得者屠呦呦①

---

① 图片来源：诺贝尔奖获得者屠呦呦[EB/OL]．（2015–10–21）[2016–05–18]．http：//ln. qq. com/a/20151021/036253. htm.

奋，必将成为中国科学事业、中医中药走向世界的一个里程碑。

屠呦呦于1930年出生于浙江省宁波市。其父摘引《诗经》"呦呦鹿鸣，食野之苹"，为她取名呦呦，意为鹿鸣之声。1951年，她考入北京大学医学

屠呦呦在实验室[1]

院（现为北京大学医学部）药物学系，学习当时很少有人问津的生药学专业。她认为生药专业最可能接近探索具有悠久历史的中医药领域，符合自己的志趣和理想。

1955年，屠呦呦大学毕业，被分配到卫生部直属的中医研究院（现更名为中国中医科学院）工作。从此，她埋头从事生药、炮制及化学等中药研究，开始了她为之奋斗一生的事业。当时，刚刚成立的中医研究院工作条件差，设备简陋，科研人员少，但是，党的"继承、发扬中医药学宝库，积极发展中医药事业"的政策，为刚刚走上工作岗位的屠呦呦增添了力量和信心。

刚开始工作时，屠呦呦主要从事生药学研究，后来又学了两年半的中医，她还根据自己的专业，深入药材公司，向老药工学习中药鉴别及炮制技术，这些为她以后的研究打下了很好的基础。

疟疾是世界性传染病，每年感染数亿人，并导致几百万人死亡。20世纪60年代，引发疟疾的寄生虫——疟原虫对当时常用的奎宁类药物已经产生了抗药性，亟须研制新药。1969年，屠呦呦所在的中医研究院接到了一项任务，要求参加一个"中草药抗疟"的研究项目，代号"523项目"，旨

---

① 图片来源：屠呦呦在实验室[EB/OL].（2015-10-12）[2015-10-10]. http://tech. ifeng. com/a/20151006/41485674_0. shtml.

在找到具有新结构、克服抗药性的新型抗疟药物。屠呦呦加入了中医药协作组，并被委任为组长，与军事医学科学院的研究人员共同进行研究。

接到任务后，屠呦呦带领团队马上开展工作。他们耗时3个月，收集历代文献、民间抗疟疾药方等，从2000多个药方中整理出640个，再从中进行100多个样本的筛选，最终选出几种，青蒿就在其中。当时还筛到了另外一个抑制率达到90%的药物——胡椒，而青蒿的抑制率只有68%，他们先拿胡椒做临床实验，但是实验的结果并不好。一年以后，青蒿被作为重新再筛选的对象，但最后的数据仍没有达到满意的结果。

后来，屠呦呦在重新研究东晋葛洪的《肘后备急方》时，发现其中记述"青蒿一握，水一升渍，绞取汁服"，即青蒿抗疟是通过"绞汁"，而不是传统中药"水煎"的方法来用药的，由此她获得灵感，意识到高温煮沸可能会破坏青蒿中有效成分的生物活性，所以她将原来用作溶液的水替换为沸点较低的乙醚。此后，屠呦呦又开始了反复的试验，她的丈夫李廷钊先生说，研究青蒿素的时候，屠呦呦每天回到家都满身酒精味，后来甚至患了中毒性肝炎。功夫不负有心人，屠呦呦在1972年11月左右最终分离获得了更有效的提取物，对鼠疟原虫的抑制率达到了100%。

虽然动物实验结果非常好，但是在临床实验中，效果却不好，海南临床试验中做了五个病例，一例治好，大概两例明显减少，另一例无效。为什么在动物身上疗效显著，但在人身上却不行呢？会不会是片剂的崩解度不佳，影响吸收所致呢？他们尝试用胶囊进行临床实验，结果治疗三例全部有效。

谈到屠呦呦研究工作时，中药研究所首席研究员姜廷良表示对她的执着精神极为钦佩："如果按照常规，第一次临床实验并不理想，就像胡椒的研究那样，实验结果不好可能会另选药物进行研究，但是她（屠呦呦）依然执着研究。"①

---

① 权威解读：屠呦呦获诺奖幕后故事[EB/OL].（2015-10-12）[2015-10-10]. http://news.xinhuanet. com/science/2015-10/12/c_134706499. htm.

为了确定药物对人类的有效性，屠呦呦和研究组的成员甚至充当了第一批志愿者，以身试药。在接受记者采访时，提及此事，85岁的屠呦呦说："当时动物试验过了，药走不出去，发病季节就过了，那就耽误一年。""所以那时候也不考虑荣誉不荣誉，我觉得荣誉本身就是一个责任。荣誉越多，你的责任就更多一点。"①

1977年，屠呦呦撰写的、署名为"青蒿素结构研究协作组"的论文《一种新型的倍半萜内酯——青蒿素》发表于《科学通报》上，引起世界各国的密切关注。她以认真和执着的科学精神发现的青蒿素被誉为"中国神药"，在世界各地抗击疟疾中显示了奇效。2004年5月，世卫组织正式将青蒿素复方药物列为治疗疟疾的首选药物，英国权威医学刊物《柳叶刀》的统计显示，青蒿素复方药物对恶性疟疾的治愈率达到97％，据此，世卫组织当年就要求在疟疾高发的非洲地区采购和分发100万剂青蒿素复方药物，同时不再采购无效药。②

在得知获奖后，面对记者的采访，屠呦呦却显得非常淡定，这个战胜了疟疾的老人说："我是搞医药卫生的，就为了人类健康服务，最后药做出来了，是一件挺欣慰的事。""与获奖相比，我一直感到欣慰的是在传统中医药启发下发现的青蒿素已拯救了全球数以百万计疟疾病人的生命。"③

二、面对挫折执着前行的杂交水稻之父袁隆平

● 作为一个科学家，不能迷信权威，迷信书本，也不能因为取得一丁点的成绩就沾沾自喜，居功自傲。科学是没有止境的。只有敢于探索敢于创新，才能成果迭出，常创常新。

① ③ 陈墨. 屠呦呦吐"苦水"：现在弄得满世界都是我了[EB/OL].（2015–10–08）[2015–10–10]. http: //news. xinhuanet. com/yuqing/2015–10/08/c_128295769. htm.

② 青蒿素复方药对恶性疟疾治愈率达97%[EB/OL].（2015–10–06）[2015–10–10]. http: //news. sina. com. cn/o/2015–10–06/doc-ifxiknzv2259699. shtml.

● 科学研究要勇于探索，勇于创新，这个是关键。搞科研，应该尊重权威但不能迷信权威，应该多读书但不能迷信书本。科研的本质是创新，如果不尊重权威、不读书，创新就失去了基础；如果迷信权威、迷信书本，创新就没有了空间。

● 我觉得，人就像一粒种子。要做一粒好种子，身体、精神、情感都要健康。种子健康了，我们每个人的事业才能根深叶茂，枝粗果硕。

20世纪国外有份"醒世报告"，一个美国科学家提出了"到21世纪初，谁来养活中国？"的质疑，这位科学家认为，中国为了养活10多亿的人口，粮食问题会威胁到全世界的粮食供应。面对世界的不安与困惑，一个中国人用自己的行动回答了这个问题，这个人就是"杂交水稻之父"袁隆平。杂交水稻不仅解决了中国13亿人粮食自给的难题，也为解决世界粮食安全问题做出了重大贡献，让世界上被饥饿问题困扰的人们看到了希望。

袁隆平对于中国人民和全人类的巨大贡献，远不止上述物质层面的成就，作为新时期我国科技工作者的杰出代表，他身上体现出了一种张扬着中华民族之魂的中国科学家精神。他以不畏艰辛执着前行的豪迈气概，严谨治学、勇于创新的科学精神，热爱祖国、胸怀世界的博大胸襟赢得了社会的普遍尊重。

袁隆平曾在一次讲话中谈到了他研究杂交稻的原因。那是在20纪60年代初的

袁隆平在实验田①

军校学员学术道德规范读本

---

① 图片来源：袁隆平在实验田[EB/OL].（2013-10-01）[2015-10-10]. http：//finance.591hx.com/article/2013-10-01/0000372809s_2.shtml.

一天，袁隆平像往常一样到田里选种，突然看见一株水稻长势格外好，不仅稻穗大而且稻谷的数量也多。袁隆平欣喜地把它收起来做种子。第二年他对这些种子充满信心，每天去观察记录，管理很细致。可是到了出穗的时候袁隆平却大失所望，他种了一千多株，结果长出的水稻高的高、矮的矮，没有一株像它的"老子"那样好。他失望地坐在田埂上发呆，后来突然来了灵感，猛然醒悟到，纯种水稻品种的第二代是不会有分离的，只有杂种的后代才可能出现分离，正好符合孟德尔的分离规律。现在，它的第二代既然发生了分离，这就证明了他去年发现的"鹤立鸡群"的优良稻种是一株"天然杂交稻"。从此，袁隆平就萌发了研究杂交水稻的决心。

但在当时，传统的观点认为水稻、小麦等自花授粉植物是没有杂交优势的。所以，袁隆平的研究受到很多人的反对和讽刺。他却坚持认为，杂交优势是生物界的普遍现象，有没有杂交优势不是由生殖方式决定，而在于杂交双亲的遗传性是否有差异，水稻和其他异花授粉作物一样，具有杂交优势。于是，袁隆平跳出了"无性杂交"学说的束缚，开始了水稻的有性杂交实验。

1964年7月的一天，他在安江农校一个稻田中找到一株奇异的"天然雄性不育株"，经人工授粉，结出了第一代雄性不育的种子。几年下来袁隆平积累了700多株珍贵的不育材料秧苗。但意外的是，1968年5月的一天，这些秧苗一夜之间被人全部拔除毁坏了。袁隆平最终在一口废井里找到5株存活的秧苗。接下来6年的实验，袁隆平仍然没有培育出不育株率和不育度都达到100%的水稻不育系。

后来，在设计技术路线时，袁隆平把杂交育种材料亲缘关系尽量拉大，用一种远缘的野生稻与栽培稻杂交，以此来突破优势不明显的关隘。按照这一思路，他和助手不辞辛苦，往返上万里到云南、海南等地寻找雄性不育野生稻。1970年11月，袁隆平终于在海南的普通野生稻群落中找到一株理想的野生稻。

1972年夏袁隆平带领他的团队在湖南省农科院做了试验，种上杂交稻来说服持反对意见的人。他们种了四分田，同时也种上高产品种和常规品种作为对照品种。与对照品种相比杂交稻的长势很旺，可最后验收的时候，杂交水稻的产量却出乎意料的还没有对照品种高，而稻草却增加了将近7成。有人嘲讽说："可惜人不吃草，如果要吃草的话，你这个杂交稻就大有发展前途了"。

后来开会研讨时，袁隆平冷静地分析："从表面上看，我们这个试验是失败了，我们稻谷减产，稻草增产。但是从本质上讲我的试验是成功的，为什么？因为现在真正的焦点是水稻这个自花授粉作物究竟有没有杂交优势，现在试验证明了水稻具有强大的杂交优势，这是大前提。至于这个优势表现在稻谷上，还是稻草上，那是技术问题。因为我们经验不足，配组不当，使优势表现在稻草上了。我们可以改进技术，选择优良品种，使其发挥在稻谷上，这是完全做得到的。"[①]

最后领导和其他持反对意见的同事被说服了，继续支持袁隆平的杂交水稻实验。1975年，随着杂交水稻各种难关的相继攻克，袁隆平终于把培育杂交水稻的梦想变成现实。在攻关的时候，袁隆平在水稻生产基地每天都背一个水壶，带两个馒头，这样一顿饭就解决了。中午下田，顶着太阳一干就是两三个小时，他却总是乐在其中、从无怨言。"科学研究要脚踏实地地苦干"，这是他一贯强调的科学精神。他时常告诫学生，研究杂交水稻是农业科学，就像种水稻一样，也需要汗水的浇灌。他对学生的第一要求就是要下试验田，在他看来书本知识和电脑技术固然重要，但是书本、电脑里面种不出水稻，只有在田里才能种出水稻来。袁隆平更是经常鼓励年轻人"搞科学实验决不会一帆风顺，不要怕失败，要善于从失败中总结经验教训""只要大方向是对的，就应该有百折不挠的精神，才有希望取得最后的成功"。[②]

1976年，杂交水稻开始在全国大面积推广，它比常规水稻平均每亩增产20%左右。袁隆平和他的杂交水稻为世界人民做出了重大贡献，也在全世

---

①② 袁隆平. 我成功的秘诀[N]. 光明日报，2011–10–31.

界赢得了极高的荣誉。

有很多人问过袁隆平成功的"秘诀"是什么？他回答了八个字：知识、汗水、灵感、机遇。这"八个字"正是他数十年如一日躬身践行的理念。

在一次媒体记者见面会上，袁隆平说："我觉得，人就像一粒种子。要做一粒好的种子，身体、精神、情感都要健康。种子健康了，我们每个人的事业才能根深叶茂，枝粗果硕。因此，作为一个科研工作者，不仅要知识多，而且要人品好，不仅要出科技成果，而且要体现科学精神和科学道德。只有这样，才配当一个科研工作者，也才能当好一个科研工作者。"

袁隆平具有很高的艺术素养，拉得一手好提琴，可谓多才多艺。他最喜欢李四光创作的小提琴曲《行路难》。或许他也是想以这种方式告诉世人：探索科学的道路是艰难的，即便如此，科学工作者都要义无反顾地走下去。

三、敬业奉献严于自律的金展鹏

● 学术腐败是中华崛起的大敌。

● 要勇于提出自己的观点，敢为人先。这个社会是竞争的，但竞争是这个社会和谐发展的表现，在竞争中要学会尊重别人的劳动，欣赏别人的优点，理解别人的处境。

● 我一辈子最爱的就是学生，他们是我的眼睛和腿，是我的止痛剂，是我的精神支柱，更是我的全部财富。

● 中华此时不崛起，更待何时！同学们正值青春年少的时期，希望你们刻苦学习，打好基础，将来为祖国为人民为人类文明做出伟大的贡献。

金展鹏是中南大学材料科学与工程学院的教授、博士生导师，也是中国科学院院士。1998年，因患严重的颈椎病全身瘫痪，从此便开始16年轮椅上的生活，但是他的科学成就和人格力量却延展到了常人所不能及的地方。金展鹏于1938年11月出生在广西荔浦。1955年9月，未满18岁的他考入

金展鹏[1]

中南矿冶学院（中南大学前身），攻读金相专业。1959年金展鹏在中南矿冶学院继续攻读硕士研究生，从事耐热镁合金的学习和研究。

"文革"结束后，金展鹏作为改革开放后首批出国留学生，被推荐到瑞典皇家工学院就读，师从世界著名材料学家和相图学权威马兹·希拉德教授。

走出国门后，他看到了中国材料科学与国外先进水平的巨大差距，立志要为中国的材料科学贡献自己毕生力量。从此，没有星期天，没有节假日，他几乎所有的时间都在实验室。留学期间，他把传统的材料科学与现代信息科学结合，首创了在一个试样上测量三元相图整个等温截面的方法，巧妙地解决了世界科学界的难题。这个方法就是后来国际相图界公认的"金氏相图测定法"，国际同行因此称他为"中国金"。

几年后，金展鹏学成回国，开始走上讲台，希望能把所有知识传授给自己的学生。他总是不知疲倦，在学生们的记忆中，一天24小时，他除了正常的休息之外，剩余的时间都是在办公室和图书馆。他最喜欢唐代诗人杨巨源的《城东早春》，他说，看春要赶早，科学研究和人才培养，更要时不我待。

然而，正当他意气风发走向事业巅峰之际，不幸却降临了。1998年2月的一天，金展鹏走出家门，刚下楼梯就身子一软，瘫坐到地上。突发的脊椎疾病，使他高位截瘫，从此再也没有站起来过。

妻子胡元英回忆说，丈夫生病后的第一个笑脸，是在第一次试着看书之后。为了让金展鹏继续看书，起初妻子用手举着翻页。后来妻子找来几根废弃的木条，钉成一对三脚架，固定在床头。靠这个倒挂在床头的"书桌"，他又开始了工作。病情稍微稳定后，金展鹏就让妻子推着风雨无阻地每天坚持到办公室辅导学生。十几年来金展鹏教授坐在轮椅上坚持教学和科研，全身只有脖子能动，被誉为"中国的霍金"。

金展鹏说，他最放心不下的是学生。在他生病的日子，有人劝他要安心养病，把学生交给其他导师带，他却说："20岁是人生最美好的时光。交付在我手里，我就要用心带好他们。我必须对学生负责，对家长负责，对国家负责！"

最让他舒心的，也是学生。每个夜晚，疼痛折磨得他彻夜不能睡，但只要接到学生的电话，他就精神振奋。学生们从世界各地打来的电话，是他最好的"止痛药"。他说："我一辈子最爱的就是学生，他们是我的眼睛和腿，是我的止痛剂，是我的精神支柱，更是我的全部财富。"

在金展鹏病重期间，他疼得头都抬不起来，仍把学生们叫到病房，让他们把论文念给他听，他则逐字逐句告诉学生问题出在哪里，怎么修改……在住院的9个月里，他带出了4个硕士、2个博士，看了近千页的论文。

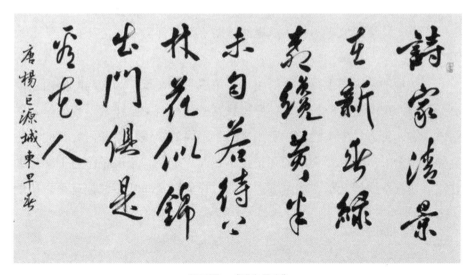

杨巨源·《城东早春》

金展鹏在学生们的帮助下浏览论文①

　　而对于学生来说，他不仅是一个宽和的长者，也是一个暖心的朋友，更是一个严谨的导师。金展鹏时常告诫学生，科学领域来不得半点虚假，他以自己的言行为学生们树立了一面镜子。不论是教授的每一堂课，进行的每一项科研，还是发表的每一个见解，金展鹏都在诠释着一个学者应有什么样的科学精神。不是自己亲笔写的论文，他从不署第一作者；不是自己参与的课题，他从不挂名。面对学术领域的一些浮躁、虚假之风，金展鹏说，科学领域来不得半点虚假，要不死后都会被人追认为"学术骗子"。

　　一次他的一个学生写论文时引用了第三者的文章，因为当时国内还没有互联网，校内图书资料缺乏，要想找到一篇重要文献非常不容易。金展鹏发现后，告诉学生不能这样引用文献，不同的知识背景和研究目的往往会导致一个人对同一篇文章的评论大不相同。于是，金展鹏派这个学生去北京等地查找原始文献，核对数据。像这样的事情非常多，他就是想让学生明白，做学问要扎扎实实的道理。

在一次人物访谈中，金展鹏说："如果说相图是材料科学工作者的地图，每一个人的人生都应该有一个坐标图，一个人活在世界上就要做一些对人民有用的事情，有依据的事情，可要做到这一点就需要有责任心，有理想，要学习。我的价值观、人生观也许就是这个人生的地图。"

2004年6月，金展鹏坐着轮椅在北京第一次参加中国两院院士大会，并在大会上作学术报告。当时规定发言不得超过15分钟，他却被允许破例讲了30多分钟，发言结束后，满场响起热烈的掌声。学生们说，掌声是为他的学术贡献，更是为他的人格与品行。

第三节 军事科技尖兵

建设强大的国防离不开先进的军事科技，先进的军事科技来自一个个默默无闻、甘于奉献、矢志报国、不懈创新的军事科技尖兵。他们心系国防，把生命和青春奉献给国家和人民；他们姓军为战，心怀打赢信息化战争，一次次向世界军事科技制高点发起冲锋；他们创新前行，突破一项项技术难题，书写了军事科技的新篇章。

一、工作到生命最后一刻的科学家林俊德

• 我这辈子只做了一件事，就是核试验。

• 一个人的成功，一靠机遇，二靠发狂。一旦抓住机遇，就要发狂工作，效率就会特别高，看似不可能的事就可能了。

• 我不善于交往活动，只知实事求是搞科研。人能力有限，时间有限，但是只要努力，都能做出成绩，体现出自己的价值。

林俊德是我军著名的爆炸力学工程技术专家。在入伍的52年里，他参加了我国全部核试验任务，为国防科技发展倾尽毕生心血，以超常的意志工作到生命的最后一刻。

1938年3月，林俊德出生于福建永春，新中国成立后靠政府助学金完成中学和大学的学业。1960年林俊德从浙江大学机械制造专业毕业，之后分配到国防科委下属研究所开始了核试验工作。从此，林俊德的人生便同祖国的核事业紧紧联系在一起。

参加工作后的40多年中，林俊德的大部分时间是在西北戈壁滩上度过的。1963年5月，他接受了研制测量核爆炸冲击波压力自记仪的任务，并担任组长。这项研制工作规定时间很短，工作条件又很差，夏天的地表温度有时达到70℃以上，试验人员全住帐篷，连吃菜、吃水都是难题。由于生活保障困难，只能安排有限的人员进场，他们每个人每天的工作量都很满，仪器全要靠自己装卸。

林俊德工作照

由于核爆炸具有非常大的破坏性，测量仪器很可能因受到核爆炸自身的干扰而测不到准确数据，测量仪器的研制成为当时的一个大难题。林俊德根据当时的实际情况，决定研制适合当时国情的新型仪器。

在仪器调研中林俊德发现，常规气象自动记录仪是采用钟表机构传动的，它在极大的冲击波干扰下仍能准确计时。于是，他萌发了一个大胆的设想：尝试用钟表机构作动力，搞中国自己的冲击波压力测试仪。那一年的冬天，天气特别冷，高空冲击波测量仪器必须在零下五十度到零下六十度的低温下才能可靠工作，但驻地当时没有能做这种实验的低温设备，到内地做实验又会延误研制周期。为了确保万无一失，林俊德带领课题组赶制了许多仪器，利用氢气球一个一个地放飞到高空进行低温考核，然后在数十公里范围的戈壁滩上把仪器找回来进行分析，每做一次放飞实验都要动用几十个人。①就这样，他们冒着严寒顽强地工作，经过一年夜以继日地努力，终于完成了仪器研制任务。中国第一批测量核爆炸冲击波的钟表式压力自记仪诞生了。大家给它取了一个名字叫"小罐子"仪器。1964年10月16日下午3点，中国第一颗原子弹试验成功，最完整可靠的冲击波数据就是靠基地自己研制的这种钟表式压力自记仪获取的。这些仪器在此后一系列核试验中一直发挥着重要作用。后来，经过改进和完善，这套仪器比美国的同类仪器更可靠准确，更轻便，造价也更低，很快就被推广开来。此后的几十年里，在国防科研领域林俊德一直坚持走自主创新的道路，取得了一个又一个举世瞩目的成就。

2012年5月4日，林俊德被确诊为"胆管癌晚期"。为了不影响工作，他拒绝了手术和化疗。5月26日，病情突然恶化的他被送进重症监护室。醒来后，他第一个要求就是转回普通病房，他说："我是搞核试验的，一不怕苦，二不怕死，现在最需要的是时间。"②

在林俊德住院期间，多次打电话到实验室指导科研工作，并整理移交了一生积累的全部科研试验技术资料。在去世前一天，为了更好地工作，他要求把办公桌搬进病房。

5月31日上午，极度虚弱的林俊德，呼吸已非常困难。他戴着氧气面罩，身上插着导流管、胃管、减压管和输液管先后9次向家人和医护人员提出要下床工作。一旁的生命监护仪

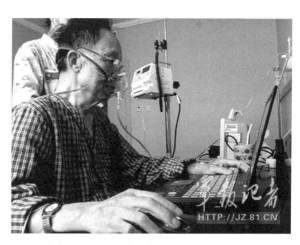

生命的最后3天，林俊德争分夺秒整理科研资料

————————————

① 喻胜强，李院宾. 林俊德. 巧测核冲击波[N]. 解放军报，2002-02-27.
② 宋美蓉. 信念·执著[N]. 中国经济导报，2012-12-29.

在不断的告警，他的视线也渐渐模糊……在生命的最后一天，他忍着剧痛坚持工作74分钟，在生命的最后一刻，他还在反复叮嘱着需要交接的某个重大国防科研项目相关资料，他用一个战士冲锋的姿态跨越了生死之界。

临终前，林俊德向家人交代希望能把他埋在罗布泊大漠的中国核试验基地——马兰，那是承载着他一生报国情怀和执着追求的地方。

在林俊德的遗体告别仪式上，有这样一副挽联：铿锵一生，苦干惊天动地事；淡泊一世，甘做隐姓埋名人。这或许是对英模一生最美的赞歌！

二、用生命托起战机的航空英模罗阳

- 工作即意味着责任、意味着恪尽职守。
- 学习是终身的修炼，"优秀"是良好的习惯。
- 让追求第一成为一种下意识，成为必然的选择，成为一种本能，让危机意识成为企业持续快速发展的不竭驱动力。

2012年12月25日我国自主研发的第一艘航空母舰舰载机歼-15，成功起降"辽宁舰"，胜利完成了试验训练任务。在人们为歼-15舰载机完美着舰欢欣鼓舞时，作为战机研制现场总指挥的罗阳，却倒在凯旋的路上。

罗阳于1961年6月出生在辽宁沈阳。1978年，从小热爱飞机、航空的罗阳以优异成绩考上了北京航空航天大学，学习高空设计专业。

1982年罗阳大学毕业后，被分配到沈阳飞机设计研究所，成为一名飞机设计员，从此便开始了30年的飞机研制生涯。在这30年里，他经历过中国航空工业最艰难的低谷期。20世纪80年代是国家比较困难的时期，军费投资相对下降、军品订货也比较少，从事航空产品研制的一些军工企业几年等不来一个新型号，没有几项新任务。在沈飞公司最困难的时候，一年甚至只有4架飞机订单。很多军工企业只能靠生产家用电器才能维持员工工资发放。那段日子，与罗阳同时分配到研究所的同事很多都选择离开航空事业，下海赚钱去了，而他却选择留下来。利用充足的业余时间，罗阳不断为自己充电。他千方百计去找外国资料翻译，很多令人望而生畏的大部头著作他都一点一点攻了下来，在强烈的航空报国信念的支撑下他默默地

积蓄着力量。他经常对同事们说："我们干了这件事，总不能半途而废。"

执着的坚守让罗阳终于等到了为祖国航空工业施展才华的机会。2007年罗阳开始担任沈阳飞机工业有限公司董事长、总经理。此后的五年是沈飞公司科研与生产任务最多、最重的五年。中国第一艘航空母舰舰载机歼-15的研制便是其中的一项重任。在产品研制过程中，他采取多种措施推动研制进度，曾经创造从设计发图到首次成功试飞仅用10个半月的奇迹。

罗阳

当然，奇迹靠的绝不是运气，而是罗阳和他的团队经年累月的默默实干。在罗阳殉职前的两年时间里，他一直采用"711"模式，就是每周工作7天，每天工作11个小时，最后两个月的攻坚期更是采用"724"模式，吃住在厂，关键时刻24小时通宵达旦地工作。作为沈飞第一人，其工作压力和工作强度可想而知。

他对待工作十分严谨、认真，从不允许工作中有任何疏忽，也从来不做表面文章。"我们是做事，不是作秀。"这是他留给同事最深刻的一句话。

有一次，一架战机液压装置出现渗油，排查原因发现，原来是一个用于密封的胶圈质量出了问题，当罗阳得知这一情况后，马上要求将同一规格、同一批次价值上百万元的胶圈全部集中当众销毁。他对在现场观看的上千名职工说："我们生产战机，既关系到试飞员的生命安全，更关系到部队的战斗力，质量上不能有一丝一毫的纰漏。"①那一年，沈飞承担的

---

① 战友，想念你那有力的拥抱[EB/OL].（2012–12–12）[2015–01–01]. http：//news. xinhuanet. com/politics/2012–12/12/c_124081484. htm.

罗阳（左一）工作照片

首架歼-15战机下线仪式已经确定，但是在既定的下线日期前3天，却发现了一处小问题。当时有人认为，下线仪式日期已经上报，现在推迟影响不好，况且战机下线并不会试飞，现在只是举行一个仪式而已，不管有没有问题，都要拉回厂里做后续调校，到时候再排除故障也不迟。罗阳坚决不同意这种做法，他亲自向上级说明了情况，并紧急处理了这一故障，最终战机推迟4天圆满下线。

罗阳生前接受采访时曾说过："沈飞的责任不仅关系企业生存，更主要的是关系国家利益，所以沈飞的责任实质是国家责任。""尽管现在是市场经济，沈飞的传统依然未变，企业的特殊性决定了人的特殊性。和一般企业追求利润相比，沈飞有8个字作为回答，就是'恪尽职守、不负重托'。""航空报国是使命，而不是荣誉！"

正是靠这种强烈使命感、责任感，靠坚强的毅力和对工作踏实、勤恳的态度，罗阳带领他的团队创造了一个又一个的奇迹。

2012年8月辽宁舰刚刚入列时，海外媒体预计中国舰载机成功应用至少需要1年半的时间，没想到罗阳带领他的团队仅用2个多月，就成功完成了最为关键的起降试验。在科技攻关进入到关键时刻，科研人员昼夜奋战。罗阳担心大家身体顶不住，特意从242医院请了十几名医护人员到现场为工作人员检查身体，唯独没有想到自己。

2012年10月，罗阳担任歼-15研制现场总指挥。由于航空制造大国对技术的封锁，没有任何经验和现成的关键技术可以借鉴。在航母上，罗阳与科研人员一起整理试验数据，每次起降过程飞机的状态都要做详细的记录和分析。高强度、高压力、超负荷的工作透支着罗阳本来强健的身体。他曾出现过身体不适，但由于试验任务非常重要，一直坚持在航空母舰上，甚至都没有找医护人员检查。就这样，他凭着毅力一点点突破技术障碍，啃下了这块"硬骨头"。

2012年11月24日上午，带着全国人民的殷切期望，中国第一架舰载机歼-15在航母辽宁舰甲板上圆满完成起降实验，实现了中国几代人的梦想。罗阳带领的团队仅用了几年时间就完成了在国外需要10年到20年才能完成的任务，国外媒体无不感到惊叹。第二天辽宁舰即将靠岸时，罗阳的身体已经出现严重不适，但因为还有很多收尾工作要做，他依然强忍着。直到拖着病体勉强上岸后，坚持与前来迎接的同事们一一握手，然后才坐车离开。几个小时后，庆功宴就要开始了，罗阳却被送往医院进行急救，再也没有醒来。

罗阳去世时年仅51岁，献身航天事业30年，有人说罗阳就是为中国航空事业而生的。也有人曾这样概括罗阳的这30年："前20年研发飞机，后10年制造飞机。""辽宁舰"成为他一生战斗的最后阵地，歼-15成为他航空报国的最后见证。

第五章　信息工程大学院士风采

高俊、王家耀、许其凤、邬江兴四位院士在各自的专业领域里取得了令人瞩目的成就，成为我军信息技术领域里不可多得的领军帅才，是广大学员成长成才、学术人生的光辉榜样。我们要学习他们爱国强军的情怀、科学求真的精神、严谨细致的作风和甘于奉献的品质，为践行强军目标勤奋学习、努力钻研。

第一节　居安思危、以身许国的高俊院士

他曾说过："人家用'火枪'，我们用'长矛'的历史绝不能重演！"①他认为："地图是一种空间认知和空间思维工具。"他强调："人与地图相结合，才能提高地理空间认知水平。"他就是中国科学院院士、博士生导师、我国测绘领域资深专家、现代地图学主要开拓者——解放军信息工程大学二院（原解放军测绘学院）高俊教授。

虽然这位德高望重的将军院士已经荣誉满身，走到哪里都会得到赞美的掌声，但他始终如一地热爱着自己的测绘学和地图学事业。他居安思危、以身许国，把毕生的精力都献给了国家和军队。

一、强调居安思危，紧盯学术前沿

20世纪80年代初，背负着强烈责任感的高俊走出国门，立志要让我军的军事地图制图学跻身世界学术前沿。当时，军事地图制图学已成为国家金牌学科，是我军院校最早的本科专业之一。然而，在与西方同行交流

---

① 潘燕、李玉明. 一名院士的忧患情结——记信息工程大学博士生导师、中科院院士高俊[N]. 郑州日报，2007-08-16（015）.

居安思危、以身许国的高俊院士

后，时任军事地图制图学教授的高俊却嗅到了危机：在西方，计算机技术正悄然登陆军事领域，手工制图必将被计算机制图取代！可在国内，计算机技术只是偶尔出现在外文书刊中的一个名词，根本谈不上军事应用。

强烈的使命感、责任感逼着高俊超前想、超前做。忧则思进，忧则求变，高俊在异国他乡当起了小学生，一头扎进图书馆和实验室潜心苦读。两年后，学成归国的高俊建起了我国第一个计算机制图实验室。从此，我国测绘制图技术跨进了全新的自动化时代。谈起此事，如今已是中科院院士的高俊感触犹深："国外用'火枪'，我们却仍在用'长矛'，这样的事情不能再发生！"

几年后，在高俊的积极努力下，地图学与地理信息工程学科顺势而生，并先后被评为军队、国家重点建设学科。从1999年起，该学科连续7年代表中国向国际地图学会递交本学科国家报告。

二、勇于开拓进取，治学严谨务实

早在20世纪70年代初期，高俊就大胆提出了"从平面地图扩展为三维地图，从静态地图发展为动态地图，从模拟地图发展到数字地图，从实地图扩展为虚地图"这一极具创新精神和有较强前瞻性的新观点，指出了地图学研究的发展方向和广阔前景。1980年2月，高俊到荷兰国际空间与地球科学学院开展考察和理论研究工作。在短暂的一年半时间里，他用心汲取着世界地图学领域的最新成果，撰写的《欧洲的理论制图学研究》为国内地图学研究拓展了思维空间。回国后，高俊又完成了《地图的空间认识与知识地图学》《进入21世纪的地图学》《数字地图及其在高技术战争中的应用》等一大批在国内外颇具影响的研究成果，为我国数字地图的研制开发提供了可靠的理论依据。

为作战模拟提供可靠的地形环境保障，是地图数字化建设的重要目的，也是高俊多年来孜孜以求的目标。在1995年以后的3年多时间里，高俊带领课题攻关小组刻苦钻研，成功研制了世界领先的"作战模拟地形环境仿真系统"，荣获全军训练模拟器材优秀成果一等奖、军队科技进步一等奖和国家科技进步二等奖，被称为我国在该领域放的一颗"原子弹"。

高俊治学严谨，在国际地图学界有口皆碑。他负责制定"军事专题地图设计专家系统"的总体方案，并指导建立总体结构框架、知识组织和知识推理等核心技术。方案定稿前，高俊的一位研究生大胆提出，自己的方案中有一处设计优于导师。高教授认真审核后，果断采用了这位学生的设计，并在多个场合表扬这种严谨精神。①

三、创新理念超前，狠抓基础理论

高俊院士的研究成果屡获大奖，但他却另辟蹊径，"啃"起了基础理论这块"硬骨头"。他说："奖杯可以不拿，但国际测绘领域必须有中国人的声音！"作为我国军事测绘学的奠基人，高俊率先把虚拟现实技术用于地形仿真，把地理信息系统引入地图学，开辟了我军数字化战场建设的先河。

在如潮的鲜花和掌声中，高俊却清醒地认识到：技术上的创新固然可喜，但在基础理论研究上有所突破才是最根本的创新。他决定要"啃"基础理论这块难出成果的"硬骨头"。使命在肩脚步急。很快，地图空间认

---

① 母昌建. 数字地图先行者：高俊[N]. 解放军报，2001-09-10（008）.

知理论在高俊手中诞生了。这一理论的出现，使地图从平面走向三维，从静态发展为动态，从实地图扩展为虚地图。截至今日，我国在这一领域的研究始终处于国际领先水平。正是由于地图学迈向了数字化、信息化，高俊又提出了军事测绘的主动服务观，使以前孤芳自赏、被动服务的地图生产观得以转变，现代地图学已逐步渗透到精确制导、指挥自动化系统等各个领域，成为"建设信息化军队、打赢信息化战争"一支不可或缺的重要力量。

四、重视薪火相传，桃李精英满门

就在事业取得丰硕成果声誉日隆之际，高俊却奋力把弟子举上肩头、推向前台，而自己却隐身幕后，甘为人梯。他说："有了更多更优秀的人才，我们的事业才能后继有人！"50余载桃李满天下，半个世纪辛勤耕耘，高俊院士引领军事测绘事业不断跨越新的高度。"我身后必须有更多的人才"，他把人才培养看得比什么都重要。高俊认为，未来高技术战争是实力、装备的较量，但归根结底还是人才的竞争；培养更多更优秀的人才，我们的事业才能后继有人！在信息工程大学，许多学员都把能读高教授的研究生当成一件十分光荣的事情。无论是硕士研究生还是博士研究生，从录取、培养到毕业论文答辩的整个过程，高俊从未放松要求。他经常用自己的老师——地图学家吴忠性教授的爱国思想故事启发、教育自己的学生，使他们树立"要做学问先做人"的思想。他说："所谓人才，首先是一个具有强烈爱国思想和行动的人，如果做不到这一点，即使学识、水平再高，也只能算是一个次品"。对学生的课题讨论、方案论证、实验计划、实验过程，他都严格把关。他认为，研究生导师一定要站在学科发展的最前沿，善于掌握本专业国内外发展的趋势，帮助研究生选定正确的研究方向，并通过课题研究的实践锻炼、"摔打"他们，这样才能培养出高水平、高质量、具有很强创新精神和创新意识的高级人才。

高俊认为，他的一系列思想和成果出在45岁以后，但创新的火花却始于35岁以前。结合自己的亲身经历，高俊呼吁，要为少数有创新思想和研究能力的年轻人提供绿色通道，让他们在最佳创新年龄段成才。在高俊教授的建议和参与下，学院相继出台了《青年骨干教员培训实施细则》等措施和方案，青年教员培养走上了快车道。

青年骨干教员游雄，学术科研能力强，年轻有闯劲。高俊把自己战场环境仿真最新研究领域的关键课题交给他，并提供最新的研究资料和最好的科研条件，配备最强的工作助手。短短几年，游雄就在这一领域取得了具有国际先进水平的重大突破，迅速成长为我军年轻的博士生导师、军内外知名专家。我国自主培养的第一个地图学博士、总参优秀中青年专家孙群教授研发的协同作战地理信息基础框架建立项目，打通了我军陆海空部队数字地图鸿沟，为三军联战联训提供了可视化、可进入、可交换的数字化指挥平台，使我军作战力量由指头硬走向了拳头硬。手把手地传、帮、带，一大批青年才俊在高俊这棵"大树"的庇护下茁壮成长。在他身后，孙群、游雄、华一新、余旭初等大批青年学者都已成为博士生导师，成为支撑我军测绘事业创新发展的中坚力量。

高俊院士热爱国家、热爱军队、热爱科研，为了军事测绘事业以身许国，他的精神必将鼓舞一代又一代的青年才俊勇攀科学高峰。

第二节 创新地图理论的王家耀院士

他是中国工程院院士，是我国著名地图学与地理信息工程专家，他也是军队某所知名院校教授兼博士生导师。他先后担任国务院学位委员会学科评议组成员、中国测绘学会理事兼地图学与地理信息系统专业委员会主任委员、全国高等学校测绘学科教学指导委员会委员、测绘学名词审定委员会委员、河南省学位委员会委员。他的创新、执着和坚守换来了学科专业一次又一次的跨越，多项科研成果获国家和军队重要奖项。他曾立下铮

创新地图理论的王家耀院士

铮誓言，要为祖国测绘专业发展贡献终身。他就是中国工程院院士、解放军信息工程大学二院（原解放军测绘学院）教授王家耀。

一、创新源于勇于超越

创新说起来简单，要想做到可不是件容易的事，既要有坚定执着的韧劲，更要有破旧立新勇于超越的勇气。王家耀深深懂得创新对于一个学科发展的极端重要性。他常说："创就是要打破常规，敢为人先，善于站在前人的肩膀上看问题、想办法。"在那个传统思维盛行的年代，我国仍然还在沿用着原始的手工制图模式，而那时，国外该学科进入计算机时代已经快十年了。"我们能够赶上国外的技术已经实属不易，还要超越国外，岂不是太自不量力？"在质疑声中，王家耀带领"一帮人"开始了"超越之旅"。为了实现计算机与传统地图制图的"完美结合"，王家耀找准计算机这个突破点，带领大家从最简单的开始学起。他还利用各种时机帮助团队成员到其他高校学习深造计算机技术，并建立起了计算机地图制图实验机房。就这样，在经历了无数个不眠之夜以后，王家耀和他的团队凭借着勇于超越的勇气，"咬紧"了计算机技术在地图制图中的应用，实现了我国从手工制图到计算机制图的划时代超越，并跻身于国际先进行列。

王家耀教授始终站在学科发展前沿搞研究。在他和同事们的共同努力下，测绘学院在国内率先开办了计算机制图专业、地图数据库专业、地图制图自动化专业和军事地理信息工程专业。他开创性地建立了地图制图数据处理模型理论与方法的新体系，建成了我军第一个地图数据库支持的自动编图系统，设计和生产了全军第一部综合性军事地理图集《军官地图集》，研制完成了我军第一个具有自主版权的军事地理信息系统软件平台。他提出了"模型方法是地图制图的重要科学方法""空间信息系统是地球空间信息科学的技术系统"等创新观点，对关系到地图制图数字化的关键性难题进行了深入的研究，建立了以地图空间认知理论为主线的一系列地图学理论，促进了空间信息系统领域的知识创新与自主开发，为进入21世纪空间时代和信息社会的地图科学技术的发展提供了理论依据。

二、执着钻研的"钉子"

干事创业贵在执着也难在执着。人这一辈子可以干的事情很多，但能够始终如一把一件事做到极致并非易事。王家耀在科研创新中特别强调"钉子精神"。他常说："人是要有点精神的，尤其是搞科研的人更要像钉子一样，善于挤、善于钻。"就是凭着"钉子精神"，他孕育出了新的学科专业，实现了学科专业的不断超越。

20世纪80年代末，王家耀敏锐地察觉到地图数据库的广泛应用和发展。他一头钻进了实验室，在缜密的系统研究和论证之后，他确定了地图数据库的未来应用前景，率先对传统地图制图专业进行了全面改造，形成了地图制图与出版一体化，推进了地图生产由手工、模拟方式向计算机、数字化方式转变，建立了地图制图自动化专业，实现了学科专业的超越。他着力开展理论地图学研究，创造性地应用地图信息传输、地图视觉感受、地图符号和系统工程等理论，建立地图设计原理与方法的新体系。他参与主持设计了全军第一部综合性军事地理图集《军官地图集》，获全军首届军事科学研究优秀成果一等奖、军队科技进步一等奖。

三、为了责任坚守岗位

王家耀执教50多年来，时刻没有忘记自己肩上的责任。他时常讲：

"既然肩膀上挑起了这份担子，就无论什么时候都不能轻易放下"。他全身心扑在科研教学第一线，取得了一个又一个重大成果，培养了一批又一批军事测绘高层次人才。在王家耀的科研教学团队，每个人都养成了一种坚守的习惯，因为大家知道在最困难的时候，放弃注定失败，坚守就有可能成功。大家习惯把这种坚守叫做团队的"魂"，正是因为有了这个"魂"，他们相继完成军队重点项目"专题地图制图数据处理系统"和自动编图系统的研究，并于20世纪90年代中期建成了我军第一个地图数据库支持的自动编图系统，在解决地图综合自动化这个公认的国际性难题方面取得了突破性进展，成果"达到国际先进水平"。

几十年在教学科研岗位上拼搏奋斗，王家耀硕果累累。他针对地图制图资料数据化、制图技术现代化、地图生产计量化和现代应用数学的发展与相互交叉的新特点，把数据处理作为地图制图的核心，进行了数学模型与制图模型结合的研究；他开拓性地建立了地图制图处理的模型理论与方法体系，使其成为现代专题地图制图的基本模式；他完成了"专题地图制图数据处理系统"的研究，出版了专著《地图制图数据处理的模型方法》。①

王家耀教授以"求实，勤奋，团结，拼搏"为座右铭，致力于学科专业建设、工程技术研究与人才培养。他以敢于超越的勇气，严谨细致的学风和敬业勤业的精神，执着地追求着军事测绘技术和装备的创新与发展。回顾王家耀的科研之路，是一条布满荆棘之路，但他用他的勇气、执着和坚守开拓了地理信息数字化的新领域，他是科学研究道路上一位永不停歇的拓荒者。

---

① 余世国，邢军伟. 王家耀：耕耘在现代地图学领域[N]. 解放军报，2002-06-05（010）.

第三节 不为金钱所动的许其凤院士

——是什么，激励着一位敢为人先的学者几十年刻苦钻研育人不懈？

——是什么，见证着一位德高望重的军人几十年甘守清贫自强不息？

——是责任，还是荣誉？是使命，抑或是忠诚？

如今，当我国自主研制的"北斗"卫星导航系统引领着我军现代化脚步不断向前迈进，当曾经的学生早已成为我军空间测量领域的专家和骨干，许其凤"院士""教授""军人"的多重身份，让不了解这位老人的人们心中充满了好奇，更让许其凤院士的传奇故事在这个时代里显得愈发弥足珍贵。

一、经天纬地，他为中国测绘插上翅膀

20世纪70年代，刚刚结束"十年动乱"的中国百废待兴，然而世界却并未因为中国"文革"的十年而停止前进与发展。全球的信息化浪潮如雨后春笋般呈现出勃勃生机，大有席卷一切的气势。那时，国内卫星导航与定位方面的研究还是一片空白，但许其凤早已敏锐地发现了这一测绘学科未来发展的新方向，他以强烈的使命与责任感义无反顾地投入到了相关的研究中。许其凤在极其艰难的条件下，凭借超乎寻常的毅力和敢啃硬骨头

不为金钱所动的许其凤院士

的钻研精神撰写出版了专著《GPS导航与精密定位》，成为国内相关领域最早的专业教材，为我国卫星导航定位领域的技术研究和人才培养奠定了基石，并为他赢得了广泛的赞誉。[①]

然而研究了一辈子GPS系统的许其凤却并不满足于此。1991年，海湾战争的爆发展现了信息化战争的威力。许其凤看到的是不断精准打击伊拉克全境军事要地的美军精确制导武器，想到的却是在未来的经济建设与信息化战场，我们自己的导航系统又该以怎样的姿态为老百姓和子弟兵提供更加安全可靠而又廉价的定位导航？再次面对陌生的领域，他披挂上阵，又一次开始了全新的研究与论证。正因为他的殚精竭虑孜孜以求，这一切正在逐步成为现实——2012年，北斗定位系统向亚太大部分地区正式提供服务，而预计在2020年，北斗定位系统将完成全球系统的构建。

二、承前启后，他以更高视野架构北斗

作为顶层设计专家组专家，许其凤参加了我国第二代卫星导航系统论证和设计。当时，美国的GPS全球定位导航系统投入运营已经多年，技术上十分成熟，学界要求借鉴美国经验模式的呼声很高，很多人都提出要搞像GPS那样的全球卫星导航系统。然而，对我国现有技术水平和国防战略有着独到而透彻了解的许其凤经过分析比较认为，既然要打赢一场信息化条件下的局部战争，那么搞区域导航系统相对而言比较合适，投入产出比也相对较高。更何况，现阶段我国高精度原子钟离国际先进水平仍有一定的差距，而局部定位导航恰恰可以通过多卫星定位对表缓解我国星载原子钟的技术矛盾，解决国家近期的卫星导航定位需求，同时为国家发展高精度原子钟争取时间。最终，许其凤提出采用倾斜同步轨道代替类似GPS的轨道，设计8颗星的最小卫星星座的建议，成为我国北斗导航卫星定位工程星座设计方案的核心和基础。

---

① 泠风. 放眼苍穹测大地 巧绘北斗定位图[J]. 卫星与网络，2009（09）：14-21.

三、甘守清贫，无私奉献捍卫中国智慧

说起和许老相濡以沫的几十年，夫人开玩笑地说许老就是"一二三"："一门心思搞科研，两次异地无怨言，三过家门不多言"，哪儿有时间长相厮守？看似几句玩笑话，道出的却是许老几十年来全身心投入科研的牺牲与奉献精神。

1984年，许其凤应邀在奥地利格拉兹大学进行学术访问。访问期间，许其凤扎实的理论功底与先进的技术水平获得了奥方相关方面的青睐。奥方以别墅、小轿车、高薪和优越的科研条件邀他留奥发展，可是许其凤毫不犹豫地谢绝了这些很多人梦寐以求的条件。[1]要知道，在那时，他的月工资还不到150元。

7年后的1991年，命运再次向他伸出了橄榄枝：厦门集美大学航海学院准备以优越的条件聘请许其凤担任该院通讯导航系教授。然而，许其凤当时正负责全国GPS一级网工程的实施，同时还要兼顾主持中苏边境GPS联测项目。他深知自己担子重，责任大，绝不能三心二意。最终，在个人与国家之间，他选择了以国家利益为重，选择了伴随自己成长的测绘学院。多年以后当再次谈起这件往事，许其凤院士笑着说："不管怎样，我都不能为了自己的一点待遇，把国家的事情半拉子扔在那儿吧？这么多年搞科研，不还是为了国家嘛!"

在夫人眼中，许老曾经是位爱踢足球、拉手风琴的浪漫青年，但后来却只知道看书、搞研究。尽管一肚子"怨言"，夫人仍旧非常理解他："他是部队培养出来的，应该做些事。"

四、诲人不倦，三尺讲台尽显师道无疆

在许其凤的工作中，除了科研，还有育人。他深知"授之以鱼不如授之以渔"，把培养人才和自己的科研工作并重。可是当年刚刚走上讲台时，许老也遇到了绝大部分年轻教员会遇到的尴尬：备了几天的课，真正

---

① 李玉明，宋先锋. 许其凤——专注苍穹谋打赢[J]. 创新科技，2006（08）：22-24.

到了课堂上却怎么也倒不出来。怎么办？许老拿出了钻研学问的牛劲，硬是自学了教育心理学等教育理论，苦练教学基本功，硬把深奥难懂的理论课编讲得绘声绘色、出神入化。几十年来，他毫无保留地对学生们讲授着自己对科研的积累与感悟，更用自己对教学持之以恒的钻研与追求教育引导学生迅速成长。

当选院士后，许其凤还是一如既往地坚守在教学岗位第一线，从不以院士的身份"摆架子"。只要身体允许，他都会坚持主持科研团队，大胆地把科研项目交给学生们去完成，自己甘愿做个配角，做好最后把关。至于自己的院士身份，许老并没有看得太重，就如同他曾经对子女们说的那样："不管当没当上（院士），我还是我。"

如今，年事已高的许老依旧干劲十足，他说："我的生命还有多少年，我就会在这条战线上再坚守多少年，我的一辈子都在为测绘做学问，过去是，现在是，未来也不会变。"

第四节　敢于走"弓弦"的邬江兴院士

2015年1月8日，在国家科技奖励大会上，我校"网络通信与交换技术创新团队"荣获中国科研团队最高荣誉——国家科技进步奖创新团队奖。曾经有位记者在采访团队的带头人邬江兴院士时问道："你们是如何在缺资金、少技术的艰难条件下，成功研制出我国首台大型数字程控交换机的？"邬院士的回答言简意赅："这得益于我们能够突破技术体系的束缚，站在一个新的坐标系中，用跨越式的科研思维去解决难题。"正是凭借这种积极勇为的创新精神，邬江兴院士带领他的科研团队，相继在移动通信技术、宽带信息网技术等领域取得多项世界第一，为我国填补了多项空白，走出了一条自主创新、自强不息的创新驱动发展之路。

敢于走"弓弦"的邬江兴院士

一、跳出思维定式的勇气

邬江兴特别强调"从定式中跳出来"的创新思维的重要性。他有句名言："换个方向就是第一。"他和他的团队取得的一个又一个重大创新成果，可以看作是不断调整科研方向，不断开辟新领域，打破常规、敢闯新路的创造思维结出的硕果。

搞计算机的专家，舍弃自己熟悉的专业转而去搞程控机研究，在一般人看来，无疑是扬短避长。但邬江兴不这样看，他深知技术问题的解决，原本就不只有一条路可走，在本领域的研究山穷水尽的时候，换一个探索方向、换一种技术方案，或许就能收到柳暗花明的效果。在邬江兴进行程控机研究时，将计算机引入交换机系统中使用已不是什么新鲜事。但是当时大多数程控机专家都是仅仅把计算机简单地当成交换机控制体系里的一个部件，以前是继电器控制的，现在只不过是换成计算机控制罢了，并没有去考虑可能的革命性应用。而在邬江兴看来，应当是用计算机去等效实现电话交换功能，只要功能等同，什么清规戒律或祖宗遗训皆可不管。技术实现的环境变了，原来坐标系上得出的任何结论都必须重新审视。观察和认识问题的角度变了，那么设计的理念就肯定大不相同，技术的跨越就会成为可能。尽管当时基本没有可以借鉴的资料，更没有什么参考图纸，但是有了新思维，邬江兴经过不懈努力实现了具有世界水平的原始创新，突破了程控交换技术领域里100多年来形成的定式，提出了后来被称为三大经典控制结构之一的"逐级分布式"控制结构。

就这样，邬江兴和他的大型数字程控交换机攻关团队，从开始研发技术、大规模产业化、"全面收复失地"到走出国门，总共用了不过15年的时间。这一切，归根结底靠的就是跳出思维定式的勇气。

二、打破学科专业壁垒的霸气

多年来，受专业化教育和条块化科研体制的影响，不同学科专业之间壁垒森严，专家之间互不往来，严重影响了技术的发展步伐。然而，这些壁垒却被邬江兴一再打破。在NDSC研究所20多年发展的历史上，从来就没有具体地编制研究方向，也就是说他们不算是体制内的任务科技研发单位，从来没有上级部门和领导告诉他们该做什么，相反，是他们不断地向国家和军队各级部门反映他们愿做什么，能做什么。通俗地说，就是争任务、抢项目，特别是对那些国家和军队急需的而别人不愿意干或干不了的重大困难任务，他们始终怀有特殊的兴趣。敢于啃"硬骨头"、善于啃"硬骨头"，这些都得益于他们敢于越界、善于越界！

邬江兴最初是搞计算机起家的，研发程控交换机算是跨界，他们这一跨界，即把程控交换领域搅了个天翻地覆，不但彻底打破了国外"中国人搞不了程控交换机"的断言，也跳出了当时国内程控交换领域跟随模仿式开发的局限，带动了民族通信产业的群体突破和中国通信事业的大振兴，被国务院领导同志誉为"一股清风"。近些年，随着网络技术的发展，国家基础通信网络面临严重威胁，在许多单位声称没有办法解决的时候，邬江兴站了出来，率领他的团队在通信领域刮起了阵阵"旋风"、攻克了座座"堡垒"。一些信息领域的专家惊呼："不得了，被邬江兴惦记可就了不得了！"面对当前计算机界遇到的一些发展瓶颈，邬江兴不怕人家说好马不吃回头草，又义无反顾地杀了进去。邬江兴带领500余名科研团队成员历时6年，成功研制出世界首台结构动态可变的拟态计算机，其特定运算效能较之传统计算机可提升十几到数百倍，于2013年9月21日在上海通过了国家"863"计划项目验收专家组的验收。

邬江兴打过一个很生动的比喻：我们就像一群鲇鱼，就是要用刻意创新的理念和科学踏实的精神，四处出击，才能有所作为，有大作为！邬院士语重心长地说：我们不在体制内，好像没有根，但其实我们有根，我们的根就扎在为国分忧、为军队解难上！我们是中国人理当报国，我们是军人就当效军。国家军队和人民的需要就是我们的需要，为了满足这些需要，我们敢于越界，也没有边界！

三、"把牛顿的苹果找出来"的灵气

300多年前，英国科学家牛顿被树上坠落的苹果击中脑袋，激发创新灵感，发现万有引力定律，综合了天上、人间两个世界，成为经典力学的集大成者，引起了一场科学革命。[①]从此，"牛顿的苹果"成为了每位科学技术研发从业者梦寐以求的"圣果"，也成为一种科学探索精神、创新精神的象征。

30年前，中国的邬江兴开始在程控交换机领域寻找"牛顿的苹果"，成功地将计算机结构、功能原理移植到大型程控机上，引发了我国通信产业的革命，他本人也被誉为"中国大型数字程控交换机之父"。1991年12月，我国交换机领域知名的专家学者云集洛阳，对中国制造的04机进行严格的鉴定，结论是：设计新颖，性能可靠，达到当代国际先进水平。随后的十年里，邬江兴他们研制成功的04机，以其技术先进、性能可靠、运行可靠、价格便宜的绝对优势，在与大量占据我国通信产业市场的国外企业竞争中逐渐崛起，成为我国科技创新的一面旗帜，成为中国人自己设计制造的中国"争气机"。

在程控机领域里，为什么邬江兴能高人一筹，找到别人找不到的"牛

---

① 赵晶. "牛顿苹果树"扎根天津大学[EB/OL]. （2009-09-18）[2013-12-04]. http：//edu. enorth. com. cn/system/2009/09/18/004205426. shtml.

顿的苹果"呢？这得益于他的丰富的阅历和敏捷的思维。他这个年纪的人，极少能有幸如他亲睹机械计算机、电子管计算机、晶体管计算机、集成电路计算机、大型集成电路计算机、超大型集成电路计算机整个历史系列。早在20世纪70年代，他就曾到上海伴随我国第一台军用集成电路计算机学习维修；他曾两次到上海工厂当军代表，监督设计成果投产；他曾到洛阳参与开发、生产、使用某三方联合项目。丰富的阅历使他对产、学、研结合的过程了然于胸，并熟悉了科研成果的开发设计、制造工艺、资源配置、成本核算、材料核定、工种投入等环节的情况。当有了04机的创意时，如何变成大容量的样机，曾让邬江兴和他的同事们冥思苦想了7天7夜。邬江兴突发奇想：能不能用以前5亿次计算机下马时封存的东西呢？一句话启发了梦中人，如果将每秒5亿次计算机设计方案移植到了04机研制上，问题不就解决了吗？[①]就这样，一座座堡垒被攻破，一个个难题被破解，最终迎来了04机研制的完胜。

四、打一仗总结一仗的定气

打一仗总结一仗，善于从过去的实际工作中总结经验、汲取教训，是提高自身能力、"能打胜仗"的客观要求。只有勤于思考、善于总结，将战斗中积累的丰富感性材料加以去粗取精、去伪存真、由此及彼、由表及里的思维加工，才能得出系统性、规律性的深刻认识，避免今后工作中的盲目性，提高工作效率。邬江兴领导的团队，之所以能连续打胜仗、不打败仗，与他们善于总结作战经验分不开。

在04机的研制取得成功之后，邬江兴坐下来冷静地思考：为什么04机能够那么快研制成功？关键是思维的创新，是在破解技术难题问题上采用了逆向思维、反向思维的结果，即在研究掌握某一技术的同时，潜心琢磨破解该技术的反向技术。例如在研究超宽带通信的同时，同步研究如何截获超宽带信号。有了这一深刻的、规律性的认识之后，邬江兴团队在首战

---

① 王钢，李阳. 邬江兴通信行业的"将军院士"[J]. 创新科技，2006（09）：22-24.

告捷之后的20年里连战皆捷，先后13次登上国家科技领域的顶级领奖台。2016年1月8日召开的国家科学技术奖励大会上，邬江兴团队获"国家科学技术进步奖创新团队奖"。

勤于思考、善于总结，发现捷径走"弓弦"，开拓创造辟新路，已经成为邬江兴的工作习惯。在他担任大学校长期间，无论事务多忙，他都会抽时间参与团队的总结会、讨论会。科研工作经常遇到一些一时难以解决的问题，邬江兴也不责怪大家，因为他知道，发现一条走不通的路，也是对科学研究的贡献。每当这时，他就会坐下来与大家一起讨论总结，从失败中汲取营养，而好的解决方案常常在他们激烈的讨论和反复的演算中诞生。用他的话说，只有亲自参与团队的讨论总结，心境才最欢悦，灵魂才最安宁。

回顾邬江兴院士的科学研究之路，就是一条在攻克难关的征途上披荆斩棘的创新之路。涉猎广泛且熟读精思，务实求真且思维创新，这就是邬江兴院士在科学研究的道路上越走越宽、越走越顺的根本原因。

警示篇

　　违背学术道德规范的欺世盗名、盗利的行为，像毒瘤一样侵害着学术研究健康发展的机体。在被世人奉为学术界最高奖的诺贝尔奖评选过程中，竟然也充斥着欺骗、偏见和不端行为，可见学术腐败的普遍性、严重性。在国内，亦有利欲熏心者将作假的黑手插进作为中国科技界精英代表的"两院"院士的评选中，不仅伤害了社会公信，败坏了社会风气，而且挫伤了广大科技人员的积极性，直接误导莘莘学子的学术追求和成长。在重大科技奖项的评选过程中，存在着所谓的"潜规则""红包""人情"等利益交换，成为阻滞科技发展的绝对负能量。在学术著作和论文撰写发表的过程中，抄袭、剽窃、作假、欺骗以及买卖交易等丑陋的学术腐败现象时有发生，有人因此丢掉了学术头衔和荣誉，有人甚至因此触碰到法律的红线，沦为人民的罪人。更严重的是，这种学术腐败危害了国家科技的腾飞、中华民族的振兴、"中国梦"的实现。广大学员应当引以为戒，永不违法、违纪、违规。

第六章 诺贝尔奖评选中的违规行为

诺贝尔奖从1901年首次颁发到今天已经走过了一百多年的历程。作为现代史上一笔最著名的遗产奖，时至今日，它已成为评价世界级学术成就的最高标准，是世人在物理学、化学、生理学或医学、经济学、文学与和平事业各领域取得世界顶尖级成就、突破、创新并得到认可的最高奖赏。作为优异的象征和天才的指标，它被用来界定一个超级精英阶层，造就了一个又一个学术榜样。正因为如此，诺贝尔奖一直使全世界不同民族、不同肤色的人们心驰神往，一年一度的诺贝尔奖评选也受到全世界的关注。

那如此声名卓著的奖项评选是不是一定会客观公正呢？纵观110多年的诺贝尔奖历史，一直充满着争议，这些争议或许撕破了我们所期望的那种完美无缺，但是，也正是这些争议为其增添了别样的色彩，让其从神坛走下，生机盎然地走入历史长河。诺贝尔奖就像一棵大树，有地上光鲜的一面，也有地下不为人知的并不那么"高贵"的另一面。今天，就让我们一起走进诺贝尔奖评选的幕后，揭开那层笼罩在光环下的神秘面纱。

一、诺贝尔奖：神秘的科学盛宴

诺贝尔奖背后的故事我们耳熟能详：瑞典著名发明家和工业家阿尔弗雷德·贝恩哈德·诺贝尔（Alfred Bernhard Nobel，1833~1896年）在1895年立下遗嘱，用其大部分财富（3100万瑞典克朗）创办一个基金会，每年将一定数量的奖金授予"在上一年为人类做出最伟大贡献的人"。1901年，诺贝尔物理学、化学、生理学或医学、文学以及和平奖首次颁奖，1969年，新增了经济学奖。

在过去的一个世纪中，诺贝尔奖的评选与授奖已成了人类文明进步史上的盛事，一百多年来在选择奖金得主的过程中，评选委员会通过征询网络联结了世界众多精英，在选定后，为他们举行隆重的颁奖仪式，在斯德哥尔摩举行的诺贝尔庆典上，工业界、政界、科学界和文化界的领袖们与

诺贝尔奖章：正（左）反（右）面的设计之一

瑞典皇室一起，欢宴、跳舞，通宵达旦。在家中，人们在电视上看着这些盛典，听获奖者分享如何解决世界上的难题。①获奖人员名单从这里迅速传到世界各地，奖金得主很快就成了世界范围家喻户晓的人物，他们的传记辞典一部接着一部上市，造就了一群科学界的英雄。除了丰厚的奖金和隆重的仪式，秘密的评选方式也是诺贝尔奖长盛不衰的原因。评委会委员名单是保密的；评选委员会每年向数千人发出邀请，让他们提供候选人名单，这些提名人或是前诺贝尔奖得主，或是收到"特别邀请"的人，或是隶属于知名的大学或研究机构，这些人的名单自然也是保密的；候选人的名单当然也是保密的。所以诺贝尔基金会秘书长米凯尔·索尔曼说："保密是诺贝尔奖的基石之一。这一点被写进了遗嘱。"②正因为如此，诺贝尔奖笼罩着神秘和传奇的色彩，作为偶像、神话和仪式已经深入人心。

诺贝尔奖的设立，影响是深远的，对物理学、化学等领域的发展曾经起过并且仍将起到重要的激励作用。得奖的科学家，他们的科学成就几乎都是在科学发展史上首创的，对科学进步的贡献是巨大的。不说别的，单就我国科学家屠呦呦及几位华裔科学家获得诺贝尔奖在国人心中激起的强

---

① 罗伯特·马克·弗里德曼. 权谋：诺贝尔科学奖的幕后[M]. 上海：上海科技教育出版社，2005：v-vi.

② 参编. 鲜为人知的内幕—法刊披露诺贝尔奖的秘密[EB/OL]. （2003-12-15）[2015-02-18]. http：//news. xinhuanet. com/world/2003-12/15/content_1232224. htm.

烈反响，就可看出该奖项所释放出的神奇魅力。我们以他们为自豪，常常以他们的科学成就和奋斗精神来激励和鼓舞年轻人奋发向上，他们成为我们中国人在科学界的楷模，成为青年人学习的榜样。然而，诺贝尔奖评选的神秘使巅峰角逐下的提名、评审和选择程序鲜为人知，究竟能否选出获得诺贝尔奖的"最佳"人选呢？

二、巅峰角逐的幕后：诺贝尔奖评选的失误

回首诺贝尔奖的百年记录，尽管有很多人赢得了诺贝尔奖桂冠，但是与全世界日益增长的科学家数量相比，终究还是极少数，因此确实留下了众多的历史遗憾。遗憾的不仅是获奖的人数太少，更可悲的是在诺贝尔奖评选活动中，明显地存在着一些缺点和失误，其中有的是110多年发展中可能难以完全避免的，有的可能是人类文明、文化进步过程中难以容忍的。

（一）弥天大谎，欺骗世人，玷污科学殿堂

诺贝尔奖评奖史上，评奖候选人通过弄虚作假欺骗世人，获得评审委员会信任，骗取诺贝尔奖的事例，使得诺贝尔奖陷入尴尬的境地。

1.莫瓦桑谎称制成金刚石

法国化学家亨利·莫瓦桑博士（Ferdinand Frederick Henri Moissan，1852~1907年），在1893年2月郑重地向世人宣布，他已成功地用石墨制成了世界上第一颗人造金刚石。在这之前，因为石墨和金刚石都是由碳原子组成的，所以很多人都想通过改造石墨内部的原子结构人为地生产昂贵的金刚石。

可是，当一些人按照他讲的制作原理去试验时，却没有一个人能够像他一样制造出金刚石来。尽管如此，在1906年的诺

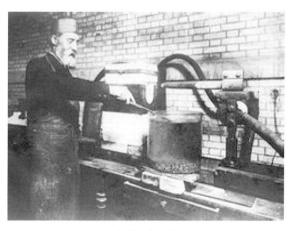

亨利·莫瓦桑

贝尔化学奖的评选中，亨利·莫瓦桑还是幸运地以一票优势击败了时年72岁的元素周期律发现者、俄国化学家门捷列夫，夺得了该年度的诺贝尔化学奖。

在诺贝尔化学奖评选后的几个月，门捷列夫和亨利·莫瓦桑相继去世。依照亨利·莫瓦桑生前提供的技术资料，没有一个科学家能够幸运地制出人造金刚石。在质疑纷纷的情况下，他的遗孀莱奥妮感到走投无路，不得不把一些真相公布于众：事实上，亨利·莫瓦桑当年根本就没有真的从石墨中制造出金刚石来，而是当他的助手对没完没了的试验工作表示疑虑重重和忍无可忍时，为了尽快终止这场无结果的探索，他偷偷地把一颗天然金刚石掺到试验材料中。显然，亨利·莫瓦桑为了获得科学荣誉，弄虚作假、欺骗世人，至少存在不能慎重对待研究成果的学术道德问题。人们推测亨利·莫瓦桑与他的助手亦即试验现场的证明人，一起欺骗了诺贝尔评选委员会的委员们。

2. "发现致癌病菌"的菲比格

无独有偶，1926年的诺贝尔医学奖获得者是丹麦病理学家约翰尼斯·安德列斯·格列伯·菲比格（Johannes Andreas Grib Fibiger，1867~1926年），他的授奖理由是"发现了致癌病菌，从而使人类对可怕的不治之症——癌的研究和防治前进了一大步"。菲比格寻求"致癌微生物"的信念十分强烈，在经历了1000多次失败后，他怀疑致癌微生物的宿主是蟑螂。于是，他用蟑螂喂食小鼠，发现有一些小鼠的胃部产生了肿瘤样的变化。这可以说是人类第一次以人工方法诱使实验动物产生"癌症"。但事实上，除了菲比格之外，没有任何一位科学家能够复

菲比格

制他的实验，进而发现所谓的"癌虫"。因此，其实验的准确性受到了极大的质疑。这一事件至今令诺贝尔奖评审委员会难堪。

（二）姗姗来迟的诺贝尔奖

重大科学发现、理论突破、技术和方法的创新，需要一段时间的验证才能得到人们的认可。获得诺贝尔奖，等待十年八年是可以理解的，但如果研究成果已经得到公认，再让获奖者等待二三十年甚至更长时间，那就使诺贝尔奖的意义大打折扣了。

1. 28年后得奖的波恩

英国物理学家马克斯·波恩（Max Born，1882~1970年），早在1926年就发表了"波函数统计分析"的论文。直到1954年，即28年后，诺贝尔奖委员会才将诺贝尔物理学奖授予他。所以，当他获奖时激动地说了这样一段发人深省的话："压倒多数的物理学家都承认我的波函数统计分析，但是也有不承认的，诸如像普朗克、爱因斯坦、薛定锷等著名科学家，因此，我的这项研究成果足足等待了28年才获得诺贝尔奖。"①

马克斯·波恩

2. 等待了29年的兰德斯坦纳

卡尔·兰德斯坦纳（Karl Landsteiner，1868~1943年），奥地利著名医学家、生理学家，23岁获得博士学位，1900年发现了人类的A、B、O血型，并把研究成果写成论文，在论文的最后，他指出了这项发明的医学意义："引用的观察病例都可以说明病人输血治疗时的变化效果"。但是由于大量输血导致的多种并发症，以及不了解RH因子产生的新生儿溶血等

卡尔·兰德斯坦纳

弗朗西斯·佩顿·劳斯

问题，人们难以接受兰德斯坦纳的血型理论。直到1930年，即30年后，诺贝尔奖委员会才将诺贝尔生理学或医学奖授予兰德斯坦纳，此时他已经63岁。正是为了回避科学界的争论，诺贝尔奖委员会推迟了向兰德斯坦纳的授奖。

3. 87岁的获奖老翁——劳斯

1911年，32岁的美国医学博士弗朗西斯·佩顿·劳斯（Francis Peyton Rous，1879~1970年）通过试验发现：母鸡身上某些恶性肿瘤的浸出液可以使小鸡产生肿瘤，而且特定的肿瘤浸出液会产生特定的肿瘤——由此他发现了肿瘤病毒。

试验时，劳斯把小鸡肉瘤的无细胞滤液注射到健康活泼的小鸡身上，结果这些小鸡也长出同样可怕的肉瘤。这无疑是一项具有里程碑意义的科研成果。可是，诺贝尔评选委员会竟然没有一个人敢提名劳斯。为什么？最重要的原因是这项成果涉及"癌症"，菲比格获奖的教训大家记忆犹新，谁也不敢再轻易犯错。

时光无情流逝，55年后的1966年，几乎世界上所有癌症研究专家都承认了劳斯的研究成果，甚至已到了"劳斯鸡肉瘤病毒"这一专用词已在全世界广为采用多年的地步，诺贝尔奖评选委员会才不得不以"发现导致肿瘤的病毒"为理由，把1966年度的诺贝尔生理学或医学奖授予劳斯和哈金斯，此时的劳斯已是87岁的老翁了——成为诺贝尔奖颁奖100多年来获奖年龄最大的人。幸好劳斯长寿，熬到获此来之不易的殊荣后，又活了4年，享年91岁。

（三）虽然获奖，选错获奖项目

诺贝尔奖的评选有严格的规则和程序，按说不应该选错获奖项目，但实际操作中选错获奖项目的还不少。

1. 爱因斯坦获奖理由不是相对论

1921年诺贝尔奖委员会在公告中说，由于爱因斯坦（Albert Einstein，1879~1955年）发现了光电效应，所以决定把该年度的诺贝尔物理学奖授予他。众所周知，爱因斯坦是20世纪的科学巨匠。1999年12月26日，爱因斯坦被美国《时代》杂志评为"世纪人物"。他从1905年到1916年完成了相对论的创建工作。1919年，英国天文学家爱丁顿等通过观察日全食，证实了爱因斯坦预言的正确性。几乎是一夜之间，爱因斯坦闻名世界。可是，诺贝尔奖委员会的公告根本没有提及相对论。许多科学家认为，如果仅仅根据光电效应的发现而授予爱因斯坦诺贝尔物理学奖，实在有些勉强。光电效应的科学意义根本无法和爱因斯坦的相对论、量子论相提并论。因此科学家普遍认为，不是爱因斯坦不够格，而是诺贝尔奖委员会选错了奖励项目。

爱因斯坦获得诺贝尔奖时的演讲

2. 授错获奖项目的费米

1938年，诺贝尔奖委员会公布，基于证明经中子轰击产生新的放射性元素，授予美国物理学家费米（Enrico Fermi，1901~1954年）诺贝尔奖。消息公布后引发了激烈的争论，争论的焦点不在于费米是否该得奖，而同样在于选择哪项成果作为授奖依据。费米是20世纪杰出的科学家，贡献是多方面的，而最重要的贡献，在于他在发明核反应堆中所起的重要作用。所以，对于获奖理

费米

由费米本人也不太满意。在颁奖演说中，他指出了自己工作不足的地方：德国物理化学家哈恩和斯特拉斯曼发现，在衰变过程中，放射性铀产生了钡，由此必须重新认识超铀元素。把新元素研究和原子核反应研究一起当作费米获奖的理由，显然不妥。

3. 因结核病研究获奖的科赫

1905年，诺贝尔生理学或医学奖授予德国伟大的医生科赫（Robert Koch，1843~1910年）。在生物学界，几乎都赞成授予科赫诺贝尔奖，但是，对于选择结核病的研究成果授奖，许多人持异议。在科赫一生中，科学成就是多方面的：1876年，科赫找到了炭疽病的病因；1882年，科赫发现了结核病菌；1884年，他又确认了霍乱病菌；1896年，他在南非战胜了口蹄疫；1898年赴意大利考察儿童疟疾等。由此可见，这位内科医生在治疗传染病方面确实功勋卓著。但是作为科学家，科赫的贡献不仅是治疗结核病等传染病，而是确立了现代细菌学的方法，为人类有效地战胜更多的传染病指明了道路，后继者正是利用他发明的方法，找到了麻风、白喉、破伤风、肺炎、脑膜炎、痢疾、回归热等传染病的病因，使人类成功地战胜了种种传染疾病。显然，他创立的确认病菌的方法、确定病因的原则都

比结核病研究要重要得多。因此，授予科赫诺贝尔奖无疑是正确的，但是选择结核病研究作为获奖的科学贡献是失当的。[①]

（四）播种人无功，收获者有奖

科学家朱曼曾对诺贝尔奖的评奖作过评价，他指出诺贝尔奖只是授予那些收获者，而不是那些播种者；只给予那些继承者而不是创始者。而这种现象又大多出现在东方人和女性的身上。尽管朱曼的说法有些绝对，但在诺贝尔奖的历史上也确实存在这种情况，这些不同程度地违背了诺贝尔设奖的初衷。

1. 最先发现"断裂基因"的华人女科学家周芷

1993年，50岁的英国科学家理查德·罗伯茨（Richard J. Roberts）与47岁的美国科学家菲利浦·夏普（Phillip A. Sharp）分享该年度的诺贝尔生理学或医学奖，获奖的理由是他们两人于16年前（1977年）分别独立发现"断裂基因"（基因中的遗传信息是以不连续的方式排列的）。

实际上，最先发现"断裂基因"的是一位名叫周芷的华人女科学家。周芷，1944年生于中国湖南西部的芷江县。后到美国求学，从事研究工作，成为一名目光敏锐的生物化学家。她26岁（1970年）时就提出了"断裂基因"的假说，后来，她与理查德·罗伯茨同在美国长岛的冷泉港实验室从事研究工作，在发表有关"断裂基因"的学术论文时，他们是共同署名的。谁也没有想到，根据这一发现而颁发的1993年度诺贝尔生理学或医学奖时，竟

周芷教授（右一）

---

① 华诺. 诺贝尔奖的纰漏[J]. 今日科苑，2011（04）：73-74.

然没有周芷的名字。更为令人气愤的是，在瑞典方面出具的材料中，作为论文的第一作者周芷的名字连影子都没有了，只留下R．J．罗伯茨自己一个人的大名。是这位第二作者做了手脚还是诺贝尔评选委员会严重失误？人们也无从考查，此事只好不了了之……这无疑又给诺贝尔奖的公正性蒙上了一层永远也洗脱不掉的阴影。

2.美籍华裔女物理学家吴健雄

20世纪50年代初，美籍华裔科学家李政道、杨振宁首先对物理学的经典理论——宇称守恒定律提出了质疑，并在理论上推导出推翻这一定律的相反定律——宇称不守恒定律，认为至少在基本粒子弱相互作用的领域内是不守恒的。但理论是假说，还得由事实来说话。美籍华裔女物理学家吴健雄用实验证明了这一理论。吴健雄的成果轰动了全球，但是在1957年的诺贝尔物理学获奖者中却只有李政道、杨振宁，没有吴健雄。

邓小平接见吴健雄夫妇

3. 与诺贝尔奖无缘的王淦昌和阿伦

中科院院士、核物理学家王淦昌先生于1941年在美国权威杂志《物理评论》上发表的论文《关于探测中微子的一个建议》被美国的科学家阿伦采纳，他按此建议做出成功的实验，引起国际上的注意，被称为"王淦昌—阿伦实验"。后来，美国物理学家莱因斯等人用强大的核反应堆做实验，终于较精确地测得了中微子的存在。莱因斯因而获得了诺贝尔物理学奖，而测试方案的设计者王淦昌和阿伦却与诺贝尔奖无缘。

（五）掺杂着政治因素的诺贝尔和平奖

1. 分裂祖国的藏独分子达赖喇嘛

1989年10月5日，挪威诺贝尔和平奖评选委员会竟然宣布，将1989年度的诺贝尔和平奖授予时年55岁的达赖喇嘛。挪威诺委会负责人授奖时声称，给达赖颁奖是因为"达赖喇嘛在争取解放西藏的斗争中始终反对使用暴力，主张采用和平的解决办法"。但是谁都知道，"非暴力""和平"从来与达赖不沾边。1959年，达赖发动全面武装叛乱，残害西藏人民，失败后逃到国外，此后在美国中央情报局支持下，长期豢养着一支4000多人的"四水六岗卫教军"，对中国边境进行了长达十余年的武装袭扰。美国国务院、中情局的解密档案也充分证明了这个事实。

众所周知，达赖喇嘛是公开分裂中国的藏独分子，将诺贝尔和平奖授予达赖喇嘛是对中国内政的粗暴干涉，也是公然支持"西藏独立"的分裂活动。这不仅违反了诺贝尔和平奖的宗旨，而且极大地伤害了中国人民的感情。这一事件充分说明了诺贝尔奖评选的不公正性，在西方政治势力的干预下，诺贝尔和平奖已经变形走样。

2. 鼓吹西方价值观的刘晓波

2010年10月8日，挪威诺贝尔委员会把当年的诺贝尔和平奖授予刘晓波，授予的理由是：他在中国进行争取人权特别是言论自由的斗争，以及西方议会民主制度是世界和平的前提。那刘晓波到底是一个什么样的人呢？他获得诺贝尔和平奖是否实至名归呢？在中国，刘晓波是一个坚持贬抑中国人、否定自己祖国文化、鼓吹全盘西化的人，是因犯有煽动颠覆国家政权罪而被中国司法机关判处徒刑的罪犯。他从来没有在减少冲突方面做出过什么贡献，也没有参加过与和平有关的任何活动。所以，将诺贝尔和平奖授予刘晓波是大错特错，完全违背诺贝尔设立和平奖项的初衷——为促进民族和睦，增进各国友谊，推动裁军以及为召开和宣传和平会议而努力的人。这充分证明了在诺贝尔奖的评选中，由于意识形态偏见和政治需要的存在，诺贝尔和平奖的公信力受到了严重的损害。

三、不公背后的思考：评选违规的原因

（一）授奖范围的限制

诺贝尔奖对遴选人数和学科范围都有严格的限定，在过去，科学的从业人员以及学科的范围都是很有限的，这种限定还是适应科学发展的。但是随着现代科学的发展，呈现两个明显的趋势：一是科技人员数量的迅速增长、合作研究趋势的加强，大多数科学界的重大突破都是集体合作的结果；二是科学技术分化交叉、综合程度越来越高，同时一些新兴边缘学科也不断地兴起，诺贝尔遗嘱以及后来章程的倾向性与这种趋势的不和谐越来越明显。

1. 授奖人数的争议

在诺贝尔奖评选规则中，近年来争议最大的就是"获奖人数不超过3人"的规定。追根溯源，我们发现诺贝尔的遗嘱中说的是"基金所产生的利息每年奖给在前一年中为人类做出杰出贡献的人"，并没有这个限制，但是由于诺贝尔在他的遗嘱中只规定了总的获奖原则，执行起来较困难。诺贝尔奖的执行机构——瑞典皇家科学院和卡罗琳外科医学院，包括诺贝尔的亲属在内，花了5年时间才在程序问题和正式章程上取得了一致意见，最后制定了评选获奖人所应遵循的细则。后来在1968年的评奖章程中才把"获奖人数不超过3人"的规定写进评奖规章。

在现今大科学时代，某个领域中几个人同时都取得重大成就的情况时有发生。2001年的诺贝尔化学奖授给了美国的夏普莱斯·诺尔斯和日本的

野依良治，而此前一直被看好的巴黎南方大学化学家卡甘却落选，法国科学界对此感到"非常吃惊和失望"。[①]其实，类似卡甘的例子不胜枚举。1998年诺贝尔生理学或医学奖授给了美国的穆拉德等3位科学家，原因是他们发现一氧化碳是心血管系统的信号分子，而把在这一领域中做出杰出贡献的伦敦大学著名科学家沃尔夫森撇在大奖的门外。以上案例，都有人打抱不平，诺贝尔奖评选委员会都以"有权保持沉默"而不予回答……

随着现代科学研究的深入和科研规模的不断扩大，各种形式的合作已是科学研究发展的趋势。近代科学刚刚兴起时期，无论是人们的学科积累还是学科分化都不明显，凭一个人的能力和财力在多个学科上都有所发现是可能的。但随着大科学的深化，人们的知识积累越来越丰富，学科的分化越来越细，同时学科之间又相互渗透交叉；实验工具也日趋复杂庞大，没有集体的合作是不可想象的。但是由于受"获奖人数不超过3人"的限制，一些由集体合作创造的重大成果不能获奖的例子也有不少。德国马克斯·普朗克研究所的保罗·克鲁森在谈到获奖感受时说："如果奖金能够发放给5个人或6个人，我会有同样好的感觉，或许会更好一些"。[②]1996美国赖斯大学教授斯莫利在得知获得诺贝尔奖的消息后说，他为和他一起做实验的两

中国科学家首次人工合成牛胰岛素

① 颜亮. 卡甘不甘[N]. 南方周末，2001–11–29.

② Richard Ston. 诺贝尔奖走过的一个世纪[J]. 朱宏雄，译. 世界科学，2002（02）：25.

位研究生没有被列入名单而深感遗憾。我国科学家1965年首次人工合成牛胰岛素，但因是集体合作的项目受诺贝尔奖的"获奖人数不超过3人"的限制而未获奖。

2. 授奖学科范围的保守

随着学科不断分化，新兴学科逐渐兴起，诺贝尔奖评选要求遴选范围扩大。在诺贝尔奖的评选中，往往倾向于授予实验性的发现者，而不是重大理论上的贡献者，例如，1905年的诺贝尔奖因强调"新发现"的规定，而否定了俄国科学家门捷列夫的获奖资格，尽管他发现的元素周期律已成为化学知识的基础部分。爱因斯坦在1921年获奖时，也是因为他发现的光电效应原理，而划时代的"相对论"却始终被冷落在一旁。苏联科学家伽莫夫的宇宙大爆炸理论，为宇宙学开辟了新的天地，但却与诺贝尔奖无缘……

常规科学时期各个学科，基本上都遵循和沿袭以前时代所提供的现象和理论，所以诺贝尔授奖集中在范式领域内，更具集中性和传承性。但是，诺贝尔奖所包括的学科已远远不能适应现代科学的发展，诺贝尔奖对学科的保守限制使得奖金只授给那些明显符合规定的学科项目，而把一些重大贡献排除在授奖范围之外。常规科学要求科学家遵守科学实践固有的规则和标准，这种固有的特性使得科学家看不到，甚至不能容忍那些引起新类型的现象，往往压制重大革新。英国《新科学家》杂志曾发表文章说，随着现代科学的发展，新学科、边缘学科不断涌现，而诺贝尔奖仍然停留在20世纪的水平，学科分布过于局限，这种趋势很容易造成对当代科学中的反常理论和研究成果视而不见，像"超玄理论""社会生物学""冷聚变"等，很难设想会获得诺贝尔奖的青睐，而这些工作可能包含了未来科学革命的种子[①]。由此可见，诺贝尔奖授奖范围的限制已跟不上时代的步伐，无益于科学的创新和变革。

---

① 董华，韩永强. 诺贝尔科学奖及其社会运行[J]. 自然辩证法研究，2001（06）：36.

（二）评审程序的问题

诺贝尔奖的运行从一开始就应该是世界性的，这一点我们可以从诺贝尔的遗嘱中很清楚地看出来，但是事实上其评审的结果，却经常有政治势力的干预，总会打上某个国家意志的烙印。

1. 评审主体的设置

首先，评审主体的一国性，很难保证评判的客观性和公允性。诺贝尔遗嘱中的评审和颁奖机构是位于斯德哥尔摩的瑞典皇家科学院（物理学奖和化学奖），皇家卡罗林外科医学研究院（生理学或医学奖）和瑞典文学院（文学奖），以及位于奥斯陆的、由挪威议会任命的诺贝尔奖评定委员会（和平奖）。瑞典科学院还监督后来增设的经济学奖的评选和颁奖事宜。只是由这几个机构各自负责诺贝尔奖，审议和决定某个奖项的这种状况，决定了评选的结果很难能让人满意。

其次，评审主体组成人员的有限性。每个评审委员会只有5人，尽管这5位科学家都是很有声望的，并且委员会认为，必要时候也可邀请任何国家的有关专家参与评选，但是由于有限的几个委员的观念、政治立场等的倾向，这很难保证他们对整个世界的科技成就、文学成果以及政治形势有一个比较全面客观的了解。例如，授予达赖喇嘛和平奖就充分体现了西方的意志和偏见，而忽视了中国的国家主权；再如，2000年文学奖授予名不见经传的高行健，而把中国一些文学大家撇开，也说明了评委会对中国文学的不了解和偏见。

2. 评选过程的保密

目前，诺贝尔奖评委会的评选细节属于绝密内容，必须等到颁奖之后50年才能公布于众，这样做的目的是保证评委在评判时，不受外界过多的干扰。但是当科学家们研究50年前的评奖过程时，发现从一开始评奖规章就存在许多混乱和争论。在过去的100余年里，评选决定往往是在完全秘密的情况下做出的，整个过程相当保密，正因为其神秘，所以才会不断有"暗箱操作"的指控，甚至让人联想到"帮派山头"。而事实上，确实有几个研究圈子一而再、再而三地获奖。比如，美国的哈佛大学已获奖27次，英国的剑桥大学20次。此外，近些年来诺贝尔奖大多颁发给了美国和欧洲学者，而获奖者又几乎全是男性。传统的观念告诉人们，没有程序的公正，就很难有实质的公正。"暗箱操作"的结果自然更加重了人们的这种不信任感。

3. 评审标准的歧视

诺贝尔在其遗嘱中规定："在授奖时不要考虑候选人的国籍，而应把奖金授予最应该得奖的人，不管他是否是斯堪的纳维亚人。"[①]但随着科学家和科研成果的同步增加，选择获奖人员的技术难度逐渐增加，同时也使得一些特殊标准成为评选中的重要参考，即不成文的以种族、国籍、政治态度、宗教信仰等作为隐形的评选标准，显然这不符合诺贝尔本人的初衷。例如，1927年诺贝尔物理学奖将物理学史上的"康—吴效应"的中国科学家吴有训排斥在外；用实验证明宇称不守恒的吴健雄，也与1957年的诺贝尔物理学奖无缘；1993年的生理学或医学奖将首次发现"断裂基因"的华人女科学家周芷排斥在外。以上表明诺贝尔奖有轻视东方人的嫌疑。

而且随着常规科学的发展巩固，在科学成果杰出性能见度降低的情况下，原有的范式下很难出现像爱因斯坦、费米、普朗克、居里夫人等那样的科学巨人了，在常规科学时代，科学家们趋向共同"平庸"，要在众多的人选中刻意挑出某几个"杰出"的，特殊标准可能会继续它存在的市场。

四、重塑科学典范：完善诺贝尔奖评选的思考

对诺贝尔奖评选规则的改革已是势在必行。英国《自然》杂志也披露，诺贝尔奖的改革计划呼之欲出。针对诺贝尔奖评选中违规行为的思考，可以采取以下措施。

---

① 姚子鹏，赵滨. 关于诺贝尔的遗嘱和诺贝尔奖[J]. 化学世界，2000（09）：49.

1. 突破授奖人数的限制

现代大科学的发展要求诺贝尔奖适应形势，扩大遴选范围，更好地发挥促进科学发展的作用。

首先，应突破"获奖人数不超过3人"的规定，赋予相对自由的获奖名额。在大科学时代，遴选人数的增多与最多选3个的矛盾势必加剧评奖的技术难度。在不违背诺贝尔原意的情况下，取消不超过3人的限制，根据实际情况决定获奖人数，从而使一些做出真正贡献的科学家不被排斥在获奖人员之外。

其次，是参照和平奖的评选做法，使团体也可能成为诺贝尔自然科学奖及经济学奖的获奖主体。现代科学的发展使得集体协作已成为趋势，在众多人共同参与某项科研的情况下，科研成果达到诺贝尔奖水平，而又分不清谁是做出主要贡献的人时，就可以视为集体成果，把奖金颁发给整个团体，从而可以避免像我国首次人工合成牛胰岛素而不能授奖的遗憾再一次发生。

2. 拓宽授奖学科范围

诺贝尔奖的重要作用是鼓励创新研究，促进科学的发展。而现在的授奖学科不涉及数学、天文学、地质学等学科，不能不说是科学发展的遗憾。新兴领域的创新有时候蕴含着非常巨大的科学价值，对其漠视往往带来难以弥补的遗憾。积极的做法应该是适应科学发展的需要，在不违背诺贝尔本意的前提下适当增加授奖学科的范围。

3. 调整评委会组成结构

根据诺贝尔的遗嘱，颁奖评奖机构没法改变，但是可以适当调整评委会人员的组成。比如，鉴于诺贝尔评奖历史上评委会对东方的歧视和偏见，可以在评委中适当增加亚洲科学家的名额。评委会的人数也没必要固守5人的限制，适当增加几个名额是可行的。

4. 增加评选过程的透明性

在诺贝尔奖评审过程中，是增加透明性还是坚持保密性是一个两难的问题。坚持保密性有利于保持评选过程的独立性，免遭外界过多的干扰；增加透明性有利于体现程序的公正性，减少了暗箱操作、评审人员过多主观倾向性的弊害。折中做法是在某个奖项或某个环节适当增加一些透明度，努力实现公正和效率的统一。当然，增加透明性还可以适当地调整保密期限50年的限制，使诺贝尔奖能够更及时公正地授予获奖人，真正发挥其对世界科学发展的激励促进作用。

五、结语

诺贝尔奖的历史，不仅是那些获奖科学"英雄"的历史，也是评奖人的历史。诺贝尔奖由一个地方性的科学奖励成为全世界科学家梦寐以求的目标，体现了那些评奖人通过获奖者来传播他们自己的文化和价值观、甚至左右科学发展方向的过程。而如果把竞争诺贝尔奖比作科学界的"奥运会"，那么，本章讲述的则是"裁判"的故事。令人难以置信的是，这些在世人心目中应该是不偏不倚（很多人至今仍然这么认为）的"裁判"中居然也有"黑哨"，他们的故意"错判""漏判"和"误判"玷污了诺贝尔科学奖和"卓越"一词在科学领域的含义，也多少背离了诺贝尔遗嘱中奖励最优秀科学发现的初衷。今天，我们重新审视诺贝尔奖评选中的各种违规行为，期望总结原因，发现问题，吸取教训，使诺贝尔奖的评选更加公正合理，不让过去的悲剧重演，不让过去的失误再现，真正实现诺贝尔的遗愿，发挥其对世界文明的促进作用。我们期待在新的世纪、新的百年当中，诺贝尔奖扩大授奖的学科范围、增加获奖科学家人数的名额，对学术界的反应更加灵敏，真正成为科学民主的典范，这样才能赋予其永恒的魅力！

第七章 震惊国人的院士评选造假风波

"造假"这个词汇，我们都不陌生。作为现代社会的一个流行名词，造假存在于人们生活的很多领域：食品造假、药品造假、新闻造假……但在种种的造假现象中，尤其值得人们警醒的，是学术领域的造假。学术造假是指"剽窃、抄袭、占有他人研究成果，或者伪造、修改研究数据等的学术腐败行为。学术造假首先是一种违背学术道德和科学精神的表现，是学术领域中学风浮躁和急功近利的产物。"[①]

在学术造假的主体中，有一个特殊群体——院士。院士造假，最令人触目惊心。院士，代表着学术金字塔的最高层；院士，代表着求实、探索、创新的科学精神。院士的造假行为，深深触撞到国人的道德底线。

靠造假包装出来的院士，还保留多少往日神坛上的光辉和圣洁？直面院士评选造假风波，是纯洁学术界学风、研风的内在要求，也是重塑院士形象、营造健康学术氛围的客观需要。

一、揭开院士的神秘面纱

"院士"的英文名称为Member of Academy，翻译成中文为阿卡德米的成员。阿卡德米是古希腊传说中的英雄。众神之王宙斯预言，雅典城将发生一场惨绝人寰的大灾难，但最后预言并没有成功，因为有一个叫阿卡德米的人凭借着自己无穷的智慧与勇气，使得雅典的生灵免遭涂炭。后来，阿卡德米就渐渐地成了智慧和勇气的象征、学术团体与科学研究机构的代名词。世界上许多国家的科学院都使用这一词汇冠名。

回溯历史，第一批国家科学院院士诞生于17世纪的法国。院士是代表科技界最高荣誉的头衔，能够有幸拥有这个头衔的人定是某个科研领域的

① 学术造假—好搜百科[EB/OL].（2009–03–01）[2015–01–01]. http：//baike. haosou. com/doc/6227905–6441228. html.

领军人物，为推动国家科技进步做出卓越贡献的科学家。

中国院士的评选，要从1955年开始说起。当时，中国科学院选聘了233人为学部委员，华罗庚、苏步青、郭沫若、李四光、竺可桢、茅以升等46位著名科学家在列。1994年学部委员改称院士。同年，中国工程院开始选聘工程院院士。此后，一些院士身兼两院院士的资格。对于普通百姓来说，院士评选过程神秘而陌生，只有在每一届增选院士名单公布时，才可能从新闻中听到这些大学者的名字。在国人眼中，院士是国家和人民的宝贵财富；院士评选，是无比严肃和神圣的大事件。

然而近年来频频爆出的院士评选造假事件，院士论文造假、院士评选行贿等负面新闻屡现媒体，令国人震惊，也损毁了大家对院士这一神圣称呼的敬仰之情。

二、院士评选之"怪现状"

从农业专家到医学专家，巨款参选、学生举报……院士评选的"怪现状"，不仅撞击着我们的眼球，更拷问着科学的良知。

（一）怪现状之一：李宁——"中国最年轻院士"的陨落

2014年，头顶"中国最年轻院士"光环的中国工程院院士李宁因侵吞科研经费被正式批捕。一颗冉冉升起的学术之星，骤然陨落、黯淡无光。

李宁何许人也？李宁，男，1962年出生于江西南昌，1982年毕业于江西农业大学，原中国工程院院士。曾被称为中国最年轻院士的李宁，是"国家杰出青年基金"获得者、"长江学者奖励计划"特聘教授、自然科学基金委"创新研究群体"学术带头人、农业生物技术国家重点实验室主任、欧盟第5框架计划PigBioDiv2计划的负责人。2008年，作为国家"863"计划现代农业技术领域专家组组长、国家"973"项目首席科学家，他带领团队多次承担国家重大科研任务，培育了世界上最大的克隆牛和转基因奶牛群体，获国家技术发明奖二等奖2项、国家科学技术进步二等奖2项，获全国先进工作者、长江学者成就奖一等奖等省部级以上奖励18项。

然而，炫目的荣誉背后，却又有着巨大的争议和隐患。李宁曾任中国农业大学生物学院教授、农业生物技术国家重点实验室主任。仅中国农大生命科学研究中心的数据显示，2006~2010年，国际论文、省部级奖项等"学术产出"中，李宁占据其所在院系全部奖项的一半多。与之相应的是，其获得经费的"吸金"能力在业内也"屈指可数"。同一时期，李宁所在的生物学院获得科研项目达374个，获得国家及各类经费达6.8亿余元。"李宁最受争议的，就是他既是专项主要负责人、把关者，也是数十个子项目的负责人或顾问。"一位知情专家表示。

21世纪教育研究院院长熊丙奇认为，科研项目从立项、经费管理到项目评价，整个环节由行政部门主导，"重立项、轻研究"倾向普遍存在，身兼"运动员""裁判员"是一批课题的普遍做法，以强化个人拿项目、抢经费的能力。此外，长期担任重大课题负责人、国家重点实验室主任的李宁，还参股或控股开办了多家企业。根据工商登记资料，李宁名下企业分布在北京、无锡等地。成立于2009年1月19日、注册资本为1000万元的"北京三元济普霖生物技术有限公司"，就是一家以李宁为法人的公司。正是通过"壳公司"参与课题、捞取公款，直接导致李宁后来的"出事"。

2014年7月初，李宁在被相关部门带走调查，原因就是其涉嫌将承担的一个转基因项目的经费转移至自己控股的公司，涉及资金达千万元；2014年10月10日上午，中央纪委监察部官网发布中共科学技术部党组关于巡视整改情况的通报，证实中国农业大学教授李宁已被依法批捕。2015年1月17日，中国工程院主席团经过审查，停止了李宁的院士资格。

李宁事件，让无数人扼腕叹息。至此，曾经前途无量的年轻院士，陨落在学术的天空和人们的视野。

（二）怪现状之二：李连达——医术无法疗救的"病"

李连达，中药药理学专家。1934年7月24日出生于辽宁省沈阳市，1956年毕业于北京医科大学，曾任中国中医研究院西苑医院基础室主任、研究员，中国中西医结合学会基础委员会副主任。

2003年，李连达当选为中国工程院院士。

2008年，因论文造假，李连达被浙江大学解聘药学院院长职务。

人民网报道，据一些专家、学者在互联网上揭发，李连达领衔的研究小组在国际、国内多家著名医学杂志上采取剽窃、编造实验数据、一稿多投等手段，发表"学术论文"13篇，以骗取国家科研经费。这些由浙江大学药学院多名研究人员联合发表的论文都有李连达署名，其中，李连达作为第一作者署名的有两篇。研究小组以这些"论文"立项，分别得到国家博士后资金、国家自然科学基金、国家重要基础研究973计划以及浙江省教育厅、科技厅、中医药局等项目经费资助。

医学，本是疗救病痛的。可若医学本身也生了病，我们又该何去何从？

（三）怪现状之三：王牧——教授退出院士评选

2013年，中国科学院数学物理学部的院士候选人、南京大学物理学院教授王牧，在博客中公开发布了一个令外界错愕的消息：他主动申请退出2013年院士评选，停下了向国家设立的科学技术方面的最高学术称号冲刺的脚步。

"我申请退出2013年院士增选，是希望引起大家对科学道德的重视，并对这起造假事件有一个公平公正的说法。"王牧在博文中写道，"学术不端在任何地方都可能发生，无论是发达国家还是发展中国家，关键是我们用什么样的态度去对待那些事情。"①

他说的"造假事件"，比他宣布退出院士评选还要令人错愕，因为矛头指向的是他的同事——南京大学物理学院教授闻海虎。而闻海虎跟王牧一样，2013年也被推荐为中科院数理学部增选院士有效候选人。王牧认为闻海虎一论文中的部分数据涉嫌造假，2013年9月15日，就此向中科院进行

---

① 院士评选再遇拷问[EB/OL].（2013-10-24）[2015-01-01]. http://news. xinhuanet. com/mrdx/2013-10/24/c_132823172. htm.

了实名举报。

退出事件，错综复杂。一人退出，引出他人参选黑幕。只是，这是不是仅仅拉开了黑幕的一角？众说纷纭中我们难以保持冷静。

（四）怪现状之四：张曙光——巨款铺平的院士参评路

2013年9月10日，原铁道部运输局局长、副总工程师张曙光因涉嫌受贿4755万余元，在北京市二中院出庭受审。

本来是审判贪官，却让貌似"浑身不搭界"的中国科学院"躺"了"一枪"。原因就是，在审判的过程中，张曙光在法庭上供述了行贿、受贿的巨款用于为参评院士做"准备"，这个事情"需要用钱"。

原来"院士"也可以买！巨款铺平的院士参选路再次震惊了世人。公开资料显示，在中科院2007年和2009年院士增选中，张曙光都曾参选，两次参评专业都是"铁道车辆"。张曙光称，评选院士过程中，"打点评审"和"组织科研成果"是两个需要花钱的环节。

据《新京报》报道，根据内部人士掌握的材料，2007年张曙光候选院士的"被推荐人附件材料"中，他以个人名义出版两本"专著"：《铁路高速列车应用基础理论与工程技术》《超大型工程系统集成与实践》。前一部"编写组专家通讯录"中的学者，涉及铁道部、南车集团四方股份公司、

张曙光受审图①

---

① 图片来源：中山网. 高铁第一人受审承认受贿：原铁道部运输局局长张曙光当庭认罪[EB/OL]. （2013-09-11）[2015-01-01]. http：//www.zsnews. cn/Backup/2013/09/11/2515157. shtml.

警示篇

139

北京交通大学、铁道科学研究院、同济大学、西南交通大学等6个单位人士，其中又以北京交通大学和西南交通大学为主。编写者涉及30人，职务职称涉及副司长、副处长、教授、副教授、讲师、研究员、工程师、副总工程师等，专业涉及车辆工程、热能动力、安全工程、信息、机车车辆、电力电子与电力传动牵引传动及控制、交通信息工程与控制。据报道，编写工作前后耗时1个月，吃住都在酒店，费用数十万元。费用由铁道部进口高速动车组的一家代理公司支付。

巨款铺平的院士参评路，金光闪闪的背后，却是无底的深渊。

愈演愈烈的院士造假之"怪现状"，为我们敲响了学术界道德重建的"警世钟"。

三、评选造假之"警世钟"

早在2001年，中国科学院就成立了科学道德建设委员会，制定出《中国科学院院士科学道德自律准则》，共有10条，以此来要求院士在科学道德上严格自律。其中第一条就是"院士应反对弄虚作假、文过饰非，反对学术上的浮躁浮夸之风"。

院士学术造假事件及频频出现的院士评选造假风波，作为学术金字塔顶部的腐败，不仅是学术界内部的事情，危害着学术事业的健康发展，它也是整个社会的事情，对社会的和谐发展和文明进步造成了伤害。[①]

（一）造假危害之一：伤害社会公信

根据《中国科学院院士章程》，院士"是国家设立的科学技术方面的最高学术称号，为终身荣誉"。在人们的印象中，院士不仅代表学术权威，也代表诚信和良知。正因为如此，院士的造假行为比一般人的造假行为，对人们情感上的伤害更为厉害，对社会公信力的损害也更严重。

社会公信力，作为国家机关或公共服务部门在处理社会公共关系事务中所具备的为社会公众所认同和信任的影响能力，也是公民在社会生活中

---

① 崔宜明. 学术腐败究竟会产生多大的危害[J]. 党政干部文摘，2009（05）：14.

对社会组织体系、社会政策实施以及其他社会性活动的普遍认同感、信任度和满意程度。可以说，"民无信不立"。在物质生活日益发达的今天，社会精神层面公信的缺失已成为当今中国社会的一个大问题。科技界、教育界受浮躁之风的影响，腐败丑闻也层出不穷。

作为"国家设立的科学技术（或工程科学技术）方面的最高学术称号"，两院院士的评选无异于风向标、指挥棒，具有无可替代的引领、示范作用。其评选是否客观、公正，直接关系到院士群体自身的尊严和公信力。默默工作、不善交际、敢讲真话、贡献卓著的院士落选，涉嫌造假、擅长钻营、有权有钱的却顺利当选、风光无限。两相比照，向社会传递了怎样的信号？给公众造成了怎样的伤害？对社会公信力的损伤，是院士评选造假带来的最直接的社会恶果。

作为人民敬仰的院士们理应按照准则去规范自己的行为，崇尚这至高的荣誉。谁要违背"准则"，谁就是高空跳伞——一落千丈！这一落千丈的不仅是院士崇高的名誉，而且是整个中国科技界的名誉、诚信。

（二）造假伤害之二：败坏社会风气

作为国家认可的最高学术荣誉称号，院士评选理应严肃、公正和纯粹。但受巨大利益驱使，近年来，院士评选越来越受到学术以外因素的影响。"烟草院士""官员院士""学霸院士"……人们不禁要问，院士的学术"纯度"究竟几何？

参评院士，靠金钱和权力打开评选之门。前文提到的张曙光，曾于2007年、2009年两度参评中科院院士，检方指控，他的多笔受贿均与参评院士有关。无独有偶，2012年落马的湖南省交通运输厅原党组书记、副厅长陈明宪，为了能评上院士，曾大肆公关，据接近专案组的知情人士透露："陈明宪有一次邀请30名院士到湖南游玩，吃住都在华雅国际大酒店，耗资以百万元计。"

金钱开道、权力保驾，成为院士评选的通行证。这一点已成了学术界公开的秘密。权力和金钱的双重侵袭，导致"高官院士""关系院士"等传闻层出不穷。金钱和权力驱使下的院士评选，不仅严重违背科学精神，更严重损害学术形象，败坏着社会的风气，扭曲了整个中国学术风气的走向。院士本就是学术活动的风向标，其本身的学术不端行为，会在学术界产生极坏的示范效应，加剧目前我国学界的学术道德失范行为。

红学家胡文彬先生对当前学术腐败曾这样直言："学术造假，骗取名利；评定学术成果走关系、点票子、造场面，学术水平成了卑微的'小妾'；混淆学术与娱乐的概念，制造假学术；学者轻学术研究，重社会活动，轻学术创新，重名利创收；学霸作风越演越烈，学术批评渐行渐远；学术'官本位'盛行，官位可用公款买来学位，可用权力获取学术地位"。[1]在某种程度上，愈演愈烈的学术腐败，推动着院士们的造假；而院士们的造假，又在助推着整个学术风气的沦丧。

（三）造假伤害之三：挫伤广大科技人员积极性

院士评选是否公正，不仅影响社会公信，败坏社会风气，更影响着广大科技人员的努力方向和工作热情，甚至海外留学人员的来去选择。

学术的目的是求真，探求真理是每个学者的崇高职责。学术的基础是诚信，诚实守信是治学的最基本态度。学术的价值是创新，勇攀高峰、开拓进取是研究者前进的根本动力。广大的科技工作者正是靠这种探求真理的职责和无私奉献的精神，才在科研的道路上披荆斩棘、执着前行。院士，作为科研金字塔塔顶上的人物，他们的成就、气节，无疑会成为后继的科技工作者前进的指路灯塔。

院士学术造假、评选丑闻的出现，最直接挫伤的就是广大科技人员科研的积极性。

（四）造假伤害之四：造成社会误导，带来巨大损失

据国家统计局发布的数据，2015年全国研发经费投入总量为1.4万亿

---

① 胡文彬. 学术腐败是民族的耻辱[EB/OL]. （2007-03-27）[2015-04-17]. http：//news. sina. com. cn/c/pl/2007-03-27/143712626431. shtml.

元，比2012年增长38.1%，年均增长11.4%。在这些血汗钱中，政府和民众寄托了科技推动进步的强国之梦，投入了太多的对科技工作者队伍的信任与情感。但是，这些血汗钱，有多少落入了权力科技蛀虫的腰包，估计已经难以统计。从广东省原科技厅厅长李兴华这样的学术官僚"落马"，到院士队伍因腐败不时遭受到公众质疑，人们深切地感受到，科技腐败堕落的是科技队伍中的某一个人、某一群人，伤害的却是整个国家的创新能力，是整个民族的创新精神。如果科研经费的把控、科技队伍的监管，不关进新一轮制度反腐的"笼子"，不接受民众的监督，中国科技落后的"帽子"，将会永无休止地戴下去。

（五）小结

学术界经常被人们比喻为按能力分层的金字塔，两院院士就是人们非常崇敬处于金字塔顶端的精英中的精英，也应是遵守科学精神、科学道德和科学伦理的模范。但造假风波的出现，玷污了"院士"这一崇高荣誉。院士评选造假，乃是最高层次的学术腐败。它对社会肌体产生的毒害，就如同染患"社会SARS"，后果极为严重。

国家决不容许学术腐败行为蔓延。2004年年初，中国科协科技工作者道德与权益工作委员会主任刘恕说："如果任由科学领域的不端行为泛滥，不仅会败坏学风文风，导致学术道德沦丧，贻误年轻一代科技工作者的成长，而且将损害中国学术界的声誉，甚至会阻碍我国科学技术的发展，影响我国科教兴国战略的实施。"中国工程院强调："科学道德建设是工程院事业持续发展的关键，要求各位院士率先垂范，自觉遵守《院士科学道德行为准则》《院士科学道德行为准则若干自律规定》，要求院士坚持实事求是的科学精神，抵制各种不正之风的侵袭和一切违反科学道德的行为，努力成为先进文化的实践者"。

四、重建学术净土之"座右铭"

院士造假频频发生，人们在呼唤学术研究净土，我们在思索，社会在行动。

（一）改革评选标准尊重学术本位

2011年，中科院院士增选，北京大学生命科学学院院长饶毅在首轮即告"出局"。这样的结果，就连圈内人也呼"不可理解"。针对此事，当年的调查结果是，有43.3%的受访者都认为"院士评选一直饱受质疑，不当选也没什么"，最高的学术头衔，遭遇如此尴尬的社会评价。院士评选的标准到底是什么？已引发越来越多人的质疑。

随着院士评选屡屡遭遇质疑，早在2010年中科院新增选院士名单公布后，就有媒体统计发现，中国科学院新增的35名院士中，8成是高校或研究机构的现任官员；中国工程院新增的48名院士中，超过85%是现任官员；工程院60岁以下新当选的院士中，均有校长、院长、副院长、董事长等职务，仅有一人例外——台湾云林科技大学的杨永斌只有"教授"头衔，没有行政职务。而2011年早些时候，人们在中国工程院发布的院士增选有效候选人名单中，发现多位在职或卸任的央企高管和政府高官。虽然任何人只要有突出的学术贡献，都可以不受身份限制参评，但是如此众多的官员成为候选者，以及当选者大多有行政头衔，这能不让人怀疑其科学性和公正性吗？对此，受访者的态度十分鲜明，有77.5%的人认为"如果不少官员和高管都可作院士，就值得怀疑"，16.9%的人表示"不清楚具体标准和规范，没法说科学不科学"，只有5.5%的人认为"会有点瑕疵，但总体是科学的"。这个结果，不能不让人大跌眼镜。

但即便如此，大家依然对院士评审抱有一丝期待。这个期待，就是对评审制度的改革仍抱希望。

这种期待，是改革我国院士评审制度的民意基础。一方面，对于公众的质疑，有关部门需认真回应，真正有实力的候选人为何"出局"？官员、高管为何当选院士？可以说，只有标准清晰，才能打消公众的疑虑，也才能让大家相信科学性和公正性。另一方面，目前的院士评审，本质是对学术实行行政评价，而行政评价的弊端已被共知，让行政评价逐步退出学术评价领域，实行学术本位管理，建立学术共同体，这是我国学术自治、形成健康学术环境的必由之路。按照这一方向推进院士评审制度改革，才能拯救其公信力，让院士评审摆脱种种行政和利益因素的干扰，真正成为最高的学术荣誉。届时，任何人的"出局"，都会被认为是正常学术评价的结果，而不是现在任何人都可质疑评价结果的尴尬局面。

（二）透明院士评选过程，加强公示监督

在我们之前提到的众多影响院士公正评选的因素中，除去行政和利益等因素，其评选过程中的不公开、不透明，也是导致其饱受诟病的重要因素。

一般意义上讲，权威推荐是院士评选的重要程序之一。在评选院士的过程中，除了院士推荐，目前院士遴选机制中还有科研机构提名、同行评议、投票、公示等多个环节。这些环节是否也同样存在"走过场"现象？这同样是值得商榷的问题。

院士评选本身从过程上说，存在漏洞。院士产生的过程，应该做到公开透明，要继续加强公示监督，材料向社会公开后，对院士推荐人、推荐机构等均应该是一种约束和责任。院士评选应建立责任追究机制，如果学校、推荐人审查不严，导致问题出现，那就应该追责！惩前毖后，才有可能令院士评选变得公正与干净！[①]

（三）摒弃院士"特权"，净化学术空气

电影《美丽心灵》中有这样一幕动人的情节：年轻的纳什初到普林斯顿，在咖啡厅里看见学者们将自己的钢笔轻轻地放在一位老者的桌上，以表达对学术成就的崇敬之心。而电影的结尾，暮年纳什以自己的学术成就赢得了诺贝尔经济学奖，同样也受到了学者们的"赠笔"礼遇。学者们对自己认可的科学家表现尊敬之心是这样的低调含蓄，但这一仪式般的行为却格外动人。因为这一情节预示着一代又一代科学家传承着一种高贵的

---

① 周云. 拷问院士评选机制[J]. 杂文选刊（上半月版），2014（02）：62.

精神，仅以学术赢得荣誉。而这种荣誉，是精神和人格上的，与外在的权利、利益无关。

打破院士学术特权，让学术回归纯粹、让院士回归荣誉，已成为国人内心深切的呼唤。

目前，除了俄罗斯等少数国家之外，多数国家只设松散的科学学会，而不是大而全的科学院，而且很多国家的科学学会会员（院士）往往需要自己交会费，以维持学会的正常运作。这样的学会只是学术共同体，不是特权机构。这样的会员更多的是拥有一种荣誉称号，科学学会也不直接承担科研项目，以确保学会的组织管理以及科研活动的自由度、独立性。正是因为这种自由度、独立性，国外院士的"特权"更多的是在荣誉层面，而与"特权"无关。在国外，院士拥有的特权可能仅仅是校园里的一个停车位，或者是可以在某个"行人止步"的草地上自由散步的权力。

电影《美丽心灵》中约翰·纳什接受赠笔

然而，在我国，院士这一称呼不仅是荣誉，更意味着随着头衔而来的实际权力，掺杂着科研经费分配、学术课题评审等巨大的利益。当选院士，不仅意味着国家副部级待遇，而且带来很多利益。同样一个科研项目，有没有院士参加，获得的科研经费悬殊极大。而在科研项目和成果评价体系中，院士更有着举足轻重的话语权。正是因为一旦有了院士身份，就有"吸星大法"一样的神通，因此，中国的许多大学和研究机构，都对推选院士满怀热情。院士评选早已经从个人性质的、非营利性质的自愿行为，演变为规模宏大的有组织的、功利性的计划行动。能在科研资源分配上获利，能在各种评选中"说了算"，一个单位拥有一名院士就等于有了"聚宝盆"，难怪张曙光之类的企业高管或政府官员争选院士。大学及研究机构，也无不以拥有院士为荣，如同拥有博士点、重点学科或者实验室一样光荣。

当然，美国的大学也有类似的竞争行为，可目的相对单纯，只为招徕全球优秀才俊；而且，往往比的是诺贝尔奖及数学与诺奖地位相当的菲尔茨奖获奖者的多寡。许多人都知道哈佛曾经出过43个诺贝尔奖得主，加州大学伯克利分校目前也拥有7位诺贝尔奖得主，但知道它们分别有多少名院士的人似乎不多。更何况，即使对于美国大学的诺贝尔奖获得者而言，其所拥有的物质上的"优先权"，与中国院士相比，往往也是少得可怜，更不会形成在学术界的某个领域里拥"权"自重的局面。

重新擦亮院士头衔的"光环"，必须摒弃功利"杂质"，让院士回归学术的芳草地。院士评选向专业性回归，应该剥离附着于院士身份的学术、行政和经济效益，让其回归单纯的学术头衔和学术荣誉。除此之外，还要合理分配学术资源，使研究项目的审批、科研经费的划拨更加客观、公开、公正。

将院士恢复为终身荣誉，而不再是"终身特权"，只有这样，学术界才能成为纯洁的"圣地"，院士们才能成为大家心目中真正的"泰斗"。就像《美丽心灵》中那一幕一样，院士们在纯净的学术氛围中，安静地、从容地接收学者们由衷的敬仰。

（四）打破院士终身制，激活学术创新

1994年，当中国科学院将学术终身荣誉，从原来的学部委员正式转变为科学院院士的时候，也许没有人能够预料到，在此后的岁月中，这个称号会承载这么多、这么丰富的内涵。1995年，随着中国工程院的正式脱胎，"两院院士"称号的含金量陡增。当前，逾千名的两院院士已成为中国学术的一道靓丽风景。

秦伯益院士①

我国著名药理学家、工程院院士，83岁高龄的秦伯益2004年申请退休获得批准，成为我国唯一获准退休的院士。在我国，院士是终身制，同时也代表着终身的荣誉。

退休的想法在秦伯益60多岁还未当上院士时就萌生了。他当时计划着选好接班人，将自己的工作"转移"，去人生中另外想做的事。不料"院士"荣誉却在此时到来，他只能顶着这个头衔继续工作。70岁后，秦伯益再次坚决要求退休，但整个过程并不顺利。直到2005年，在他72岁时，退休申请总算批了下来。

我们知道，科学研究既是脑力活又是体力活，精力充沛的青年应该是做科研的主力军。然而，由于历史原因，我国院士老龄化现象非常严重。据统计，中国科学院和中国工程院的院士，平均年龄超过70岁。

虽然两院院士章程中没有"终身工作"的规定，但在现实层面，一旦当上院士，不管年龄多大、身体状况如何，就可以一直工作下去。更为严

---

① 图片来源：新华网. 退休院士：活到老干到老，年轻人干什么？[EB/OL]. （2013–12–06）[2015–10–19]. http：//www.zhongguowangshi.com/info.aspx?id=37818.

重的是，院士还代表着各种随之而来的特权。普遍存在的"院士通吃"现象，使创新能力强、申请经费困难的青年科研人员生存空间和上升空间被严重挤压。能拿经费不出活、能出活的拿不到经费——长此以往，中国的科技事业岂不危乎！

对此，党的十八届三中全会通过的《中共中央关于全面深化改革若干重大问题的决定》中提出，要"改革院士遴选和管理体制，优化学科布局，提高中青年人才比例，实行院士退休和退出制度"。

这一决定引发了院士和各界关注，更是我们规避院士学术道德腐败的有力举措。因为只有真正实行院士退休和退出机制，才能激励更多年轻人才成长。

没有一种腐败，比科技腐败更令人痛心和惋惜。重建院士学术净土，任重而道远。杜绝院士造假，从根本上说，必须推进学术管理、评价去行政化，以学术自治为基本原则，重建学术共同体，让学术回归学术本身。

警示篇

第八章 重大科技奖项评选中的违规行为

2010年，一篇文章让中国科技评审界"蒙羞"。9月3日，两位中国高等学府的杰出"海归"院长在世界著名杂志《科学》发表了题为"中国的科研文化"（Chinese Research Culture）的论文指出，中国现行的重大科技评审和科研基金分配更多的是靠关系而非学术水平高低。这是两位"海归"第一次通过外媒直接"炮轰"当前中国的科研经费分配体制及科研文化问题，将中国科技界广为流传的"内幕"公之于世，深深触动了科技界的神经。此二人就是清华大学生命科学学院院长施一公教授和北京大学生命科学学院院长饶毅教授。[①]

这两人都是从美国归国的科研人员。2007年，时年45岁的饶毅从美国西北大学归国，他曾任该校讲席教授、神经科学研究所副所长。结构生物学家施一公在2008年回国时年届不惑，已是美国普林斯顿大学讲席教授，并获得了霍华德休斯医学研究所授予的1000万美元研究经费。两人的回国在当时都引起了不小的反响，并被认为是中国科技界吸引力增强的标志之一。

但两位教授多次对中国的教育科技问题提出直言不讳的批评，在国内产生了不小的影响。那么事情是不是正如二位教授所说的那样——"学术水平优劣本来是能否获得重大科技奖项评审、能否获得国家项目和经费的关键因素，但是，对来自政府各部门的从几千万到上亿元的巨型项目来说，水平优劣的相关性就小多了。这到底是为什么？"让我们走进重大科技奖项评选过程一探究竟。

一、"官学"勾结：劣币驱逐良币

2011年初，科技部撤销了西安交通大学原教授李连生2005年获得的

① 亦云. 撬动中国科技潜规则[N]. 科学新闻，2010-10-04.

"国家科学技术进步二等奖"，这是新中国成立以来我国第一例因学术造假被撤销的国家科学技术进步奖获奖项目，在社会上引起了巨大轰动。此次事件中，骗取国家科技奖励的行径早已暴露在阳光下，是非尘埃已然落定，李连生本人被学校解聘，追回证书、奖金，可谓身败名裂。但其行为造成的恶劣影响却很难消除，事件发生的环境条件也发人深省。

2009年4月	2009年12月	2010年3月21日	2011年2月2日
交大免除李连生某国家工程研究中心副主任职务	交大学术委员会免除李连生博士生导师资格	交大取消李连生教授职务，解除聘用合同	科技部撤销李连生所获取科技进步奖

2009年7月
李连生起诉举报人
侵犯名誉权

李连生涉学术造假被处罚

（一）"官学"勾结，损害科技之本

科技原本就是为解决问题及改良创新而生的。社会的需要推动着科技的发展，反过来，科技的发展又改变着社会，影响着人类文明的进程。官学勾结导致的学术腐败，损害的正是科技的发展之本。

李连生申报的项目，属于他自己从未研究过的领域。为了骗取荣誉，他把其他单位原有技术报为他们与这些单位共同研发的技术，把其他单位早已拥有的主要产品说成是应用了他们的理论和技术成果开发的产品或者是共同研发的产品。

靠这种伎俩，李连生先后获得陕西省科技进步一等奖、国家科技进步二等奖。造假主要体现在获奖成果的经济效益证明上，因为根据相关规定，科技成果必须为所应用的企业带来经济效益，这是获奖的必备条件。而李连生申报国家科技进步二等奖时的经济效益主要来自西安泰德压缩机有限公司，这是陕西省相关部门专门为他的成果投资的，涡旋式压缩机是公司唯一的生产项目。

成果申报中表示，该公司2001年的纯效益为255万元，2003年的纯效益为1470万元。然而在西安市工商行政管理局档案室拿到的公司年检报告显示，公司2001年亏损148万元，2002年亏损307.8万元，2003年则亏损384万元，一正一负就是2000万元。"更有甚者，该公司已于2004年元月停产，2005年破产，而李连生还是凭借该项目获得了省科技进步一等奖，直至拿到国家科技进步二等奖。"[1]在评奖的过程中，难道就没有人怀疑过申报材料的真实性吗？这无疑是"好处费"的神奇作用。"官学"勾结这种瞒天过海的伎俩直接影响的是国家创新的基因和步伐，后果极其恶劣。

再来看另一个例子。现就职于某科研院所的高毅（化名），梦想"纯洁"得近乎简单——当一个科学家，真正解决几个科技问题，并自诩视名利如浮云。当他被一个科研项目的申请条件拦在门外时，才发现一切都没有那么简单——只有教授可以申请。彼时，高毅只是副教授。由于要申请的项目对自己的研究领域至关重要，也是自己非常感兴趣的，于是高毅开始仔细研究如何才能晋升教授。他发现，要想成为教授，他还缺一个级别较高的科技奖励。做研究生的时候，高毅对科技奖励有所了解，此时，他才发现，这个奖离自己如此之近，如此不可或缺，于是他不得不投身到国家科技奖的"报奖事业"中去。

已经顺利获奖并成为教授的高毅，如果还要晋升，下一个目标只能是"院士"，而要成为院士，科技奖励又成为必须考虑的要素。这些，都是高毅最初立志要做科学家时万万没有想到的。科技奖励想摆脱都不容易，高毅说："因为它与你的职称挂钩，职称又和你能承担的项目挂钩，有时甚至与房子挂钩""并没有明文规定过要取得什么职称必须要拿哪个等级的科技奖励，但是，往往职称的竞争是非常激烈的，这样，在进行细致比较的时候，拿过科技奖励就很占优势。"

高毅举例说，"比如有的单位，想评副教授的可能有将近100人，有70~80人符合基本条件，但是最后只有20来个人能评上。这70~80人，其他

---

① 陈宝泉. 杜绝学术造假须从观念程序上正本清源[N]. 中国教育，2011-02-12.

方面打分都差不多，科技奖励这一项就能拉开好几分。"①全国政协委员、海军信息化专家咨询委员会主任尹卓为年轻人抱不平："大多数年轻人必须要通过报奖。不走这条路就断了生计。他的创新性很快就在这样的环境中被扼杀了。"他甚至称评奖现象对科技本身来说是"逼良为娼"。

科技奖励是考核科技从业人员业绩的重要标志之一，也是很多企事业单位领导和地方政府部门领导政绩的重要标志之一，与其切身利益密切相关。比如，院士数量是大学和科研机构之间科技实力比较的重要指标，也是不同地方之间科技实力比较的重要指标。于是，院士数量成了单位和地区的政绩。对单位领导和地方官员而言，政绩就是饭碗。而得国家奖的等级和数量是评选院士的重要指标，获得国家奖是一心奔院士者必须攀登的阶梯。

同样，大学与大学之间相比，获得国家级奖项的等级和数量、高级别论文的数量、院士的数量都是重要的考核指标。一所大学如果当年的得奖情况、论文发表情况、院士增加情况与同类同等级学校相比明显少了，那这个大学校长的日子会不好过，上对主管部门、下对广大师生都难以交代，甚至会受到质疑。科研人员本人也会因为奖励、论文之类数量和级别的欠缺而得不到职称晋升，甚至会被分流。

科研开发、探索人类未知世界、攻取技术难关是一个艰难历程，必须秉持科学精神，严守科研规律。企图通过偷工减料甚至造假剽窃的办法走捷径，其结果必然是自取其辱。早于李连生曝光的韩国黄禹锡论文造假事件，其不但被追回一切不当得利，还被追究刑责，教训不可谓不深刻。所有科技工作者都要牢记，科学精神的根底是诚信，是一丝不苟。干这一行就要坚持锲而不舍、孜孜以求的精神，吃得了苦，坐得住冷板凳，忍受得住失败，能抵御名利的诱惑，才有可能在事业上取得成功，堂堂正正地获

① 《〈瞭望〉新闻周刊》记者. 科技奖励"蛋糕"[J]. 《瞭望》新闻周刊, 2011（24）：24~27.

得高级别的科技奖励和荣誉，赢得同行的认可，公众的尊敬。

（二）"官学"勾结，伤害教师之德

"学高为师，德高为范"，这是教师的根本。李连生造假案发生在高校，发人深省。教授的职责除了科研攻关，还有教书育人。中国传统文化对为师者的要求是"学为人师，行为世范"。应该说，我们高校教师队伍总体上是有追求、负责任、称职的，随着事业的发展，但也存在个别教师学术失范问题。

"学术包工头"

现在出现的一种称为"学术包工头"的现象，上海大学教授戴世强将其称为"科研掮客"：自己不读书、不治学，专门承接科研项目，拿来分包给别人；不择手段地张罗、攫取研究项目；自己不亲力亲为搞学问，却处处署名，事事抢功；经常目无法纪，随意践踏科研道德规范，为了虚报战绩，一稿多投，剽窃抄袭，伪造数据，无所不为等。"尽管此类人为数不多，也不一定'五毒俱全'，却为害甚烈，败坏学术道德风气，破坏已有的优良学术传统，影响科学事业发展，长此以往，如何得了！"[1]

---

① 饶毅，施一公. 中国的科研文化[N]. 科学时报，2010-09-03.

"官学"勾结，教师失德，抑制高校的创新能力。一位因痛恨学术造假而放弃读博的北京某高校硕士研究生赵某曾说过："如果作为知识之源创新之本的大学尚且造假，那我们该靠什么创新？"如果学术研究不再是为追求真知和创新思想，而是变成了评职称、拉课题、找"外快"，争学术资源、加官晋职的敲门砖。这样，学术道德失范已经严重地抑制了高校的创新能力。"无论如何，学术造假都是不能原谅的。学术研究允许失败，但绝不能造假，因为这是一个研究者的底线。"①

　　"官学"勾结，影响了大学生的健康成长。"学高为师，身正为范"。在学生心里，教师无疑是学生投身科学研究的引路人和培养高尚道德和情趣的楷模，教师的学术道德失范行为无疑会对学生产生潜移默化的负面影响。难怪在学生中流传着这样一句话：一个"剽教授"后面必然跟有一帮"窃学生"。学生在学术上可以造假，自然在学习上也可以"忽悠"。教授、博导、院长……在那么多人的心目中，这些称呼都代表着权威和神圣。科技评审中的猫腻和虚伪，让这些智商上的超人，变成了道德上的智障。高校教授、博导们的学术腐败，在破坏社会公信力的同时，也斩断了那些坚信良知和梦想的青年们稚嫩的翅膀！

　　一些院士和学者用"换牌""调包"的江湖把戏，获取了名与利，但却失去了最起码的良知。这种怪现状的存在和蔓延，反映了在肩负着维护中华民族精神支柱和道德底线重任的学术界最广泛、最严重的腐败。这不仅是学术界和学者的耻辱与悲哀，也是国家和民族的悲哀。

　　（三）官学勾结，腐蚀官员之魂

　　在学术界为官的，或者一步步"爬上"的学者型官员，一旦腐败，就会使自己的乌纱不保，更有甚者还可能在监狱"安度余生"。

　　2013年4月的一天，广州市科技和信息化局党委书记、局长谢学宁，像往常一样洋溢着对广州科技事业大发展的自豪，接受着《科技日报》记者

---

① 杜晓. 学术不端几成潜规则 业内人称预防机制亟待建立[N]. 法制日报，2009-04-01.

的采访。作为一名学者型官员，谢学宁有着一堆耀眼的头衔——中科院研究生院可持续发展专业博士、国务院政府特殊津贴专家、中国年度优秀首席信息主管（CIO）、中国改革30年杰出人物等。

但光环背后隐藏的却是贪腐。2013年5月，谢学宁被广州市纪委立案调查。随着案情的深入挖掘，引发了广东科技系统一场声势颇大的官场"地震"。"震源"从广州市科技和信息化局开始，上下左右"全面开花"，涉及市发改委、人社局、卫生局和荔湾区、番禺区、增城市等超过10家单位，全市涉案人员达45人。随后，案件又蔓延到省科技厅，省科技厅厅长、副厅长、巡视员等多名领导相继"落马"。①

据调查，2004~2012年，谢学宁在担任原广州市信息中心主任、原广州市信息办主任和广州市科技和信息化局局长期间，利用主管项目申报审批工作的职务便利，为他人谋取利益。在各种评奖评审中，利用职务之便，为他人提供帮助，涉嫌收受他人贿赂共计价值人民币约184万元。虽然这些评审官员曾经受过良好的教育，有渊博的学识，有丰富的阅历，有很高的"素质"，但依然没能克制住贪婪，抑制住欲望，踏上了其他腐败分子所走过的歪路。

这批科技精英相继"落马"，令人痛惜万分，更令人掩卷沉思：腐败"病毒"为什么会如此肆无忌惮，连科技领域都经受不住腐败"病毒"的侵蚀？一言以蔽之，一块诱人的肥肉——公共资源掉进权力"口袋"，贪婪者必争抢之。

这些年，随着经济社会的快速发展，国家对于科研领域的资金投入和政策扶持的力度越来越大。目前的科技行业，涉及国家财政资金、政策扶持等公共资源，特别是巨额专项财政科技资金实行无差别、无偿资助科技企业的政策优惠，成了一个"腐败"的高危行业。这是一块很大的"肥肉"，掌握这些"肥肉"分配权力的行政职能部门的负责人和

---

① 林洪浩. 科技精英"落马"背后的"四个一"[N]. 广州日报，2014-09-01.

分管领导，自然就成了"肥差""肥缺"。作为"一把手"和几个重要业务处室负责人相继犯案，其根源无他，就在于他们手中掌握着对"肥肉"分配的权力。

个人意志"一路绿灯"。某单位在谢学宁的帮助下，从2001~2011年的10年间，先后承接了标的约700万元和200万元的有关运维管理项目等，作为"回报"，该单位多次向谢学宁贿送钱物，共计近100万元。事实上，谢学宁的"帮助"，只是"引见""关注"他们。所谓的"帮助"，很多情况下就是"打打招呼"而已，却可以得到毫无阻碍的执行。这一招在项目评审与评奖中非常有用，屡屡奏效。①

谢学宁收受的贿赂中，数额最大的一笔来自某大学理工学院教授孟某某，接近24万元。2009年7月，孟某某在他的帮助下，成功申报科研项目并组建某纳米环境与能源材料工程研究中心。纳米技术是高科技前沿技术，没几个人懂，他们就利用了这一点，"官学"结合，串通一起，申报过程中几乎是"一路绿灯"。科技评审领域系列案的主角和配角们，在共同的不正当利益驱动下，官场、学场的一些"小人"们，逐步形成了一个不为人知的利益"圈子"，构建一条隐秘的利益链条。他们平日里大谈"哥们情义"，以"同生共死"相称，勾肩搭背，不分彼此，大干违纪违法勾当，想方设法从公共利益中套现个人私利。

我们看到"官学"勾结，不仅损害了科技之本，伤害了教师之德，更腐蚀了官员之魂。虽然他们在社会上、在学术上只是为数不多的一小撮人，但如果不严防死守，任由发展，就有可能出现"劣币驱逐良币"的态势，值得警醒。

---

① 林洪浩. 科技精英"落马"背后的"四个一" [N]. 广州日报，2014-09-01.

二、潜规则：挑战专家操守

朱大保，曾经担任国家自然科学基金委员会计划局副局长，并在此前担任过该基金委员会生命科学部副主任兼植物微生物学科主任。1987~1994年，国家自然科学奖有关评奖的日常工作由国家自然科学基金委员会负责。在此期间他曾参与过两年的国家自然科学奖的评审，对评审程序有所了解。

朱教授指出："现行的评奖体系存在人为操纵的空间。评奖一般都因学科的不同而分成许多评审组，每个评审组都有组长，评审专家却不一定被分到自己熟悉的领域。有的评奖，是以组为单位出评奖意见的，这个时候一些评委的'发言'，是'公关'的结果，就往往有一定的引导性，就会直接给参评项目以评价，最后的结果就会使一些较好项目难以在同一标准上遴选了。"①可以看到我们的科研项目鉴定也不是很规范，鉴定委员会是自己请，常常是只请朋友，不请对手，互相捧场，高抬贵手，走过场的形式已司空见惯了。评审环节中的问题主要集中在以下几个方面。

（一）"专家"不"专业"

朱大保指出："评奖经过初审以后大局差不多就定了。现在好多用网络随机遴选专家，这样可以保证受人为干涉少，但是却带来另外一个弊端，那就是选专家未必能选准，因为每个学科都有好多细分的领域，每个专家的研究方向大都有差异，怎么能保证随机选到的专家恰好对参评项目所属领域非常在行呢？"

邵国培在提案中说："我国的科技评奖每年在短短的几天内，把各行各业专家组织在一起，对各学科门类的几十上百个项目进行评审，每个专家不是全才，一天审几十个项目，很多都不属于自己的专业，怎么可以评得准、评得好呢？"

---

① 《〈瞭望〉新闻周刊》记者. 科技奖励"蛋糕"[J]. 《瞭望》新闻周刊，2011（24）：24~27.

2012年3月23日，"中式卷烟系统调香"理论进入国家科技奖公示名单，引起社会质疑。在卫生部4月举行的新闻发布会上，卫生部妇社司副司长傅卫更是明确表示，"低危害"烟草制品研究不应作为国家科技进步奖评选项目。国内外众多科学研究证明，烟草使用严重危害人体健康，任何有关"低危害"烟草制品的研究，都不能降低或者减少烟草对人体带来的健康危害。①中疾控原副主任杨功焕称："中式卷烟特征理论体系构建及应用"入围国家科学技术进步奖，直接违背了《中华人民共和国科学技术进步法》第二十九条："国家禁止危害国家安全、损害社会公共利益、危害人体健康、违反伦理道德的科学技术研究开发活动。"吸烟有害健康是毋庸置疑的，"中式卷烟"宣扬的理由是不成立的。"中式卷烟"及我国中草药卷烟危害性不比普通卷烟少，同样具有致癌性和成瘾性。然而，在此之前，关于烟草类的研究，10年间已7次获国家科技奖。这是为什么？不得不引起大家的警醒。我们的评审专家，是不是站在国家的角度权衡，是不是真正的"专业视角"？这些都让我们哑然。

（二）"红包"和"人情债"

随着中央和地方对科技创新的重视程度与日俱增，科技经费的投入力度也明显加大，科技领域的职务犯罪开始频繁出现，用巧立名目的"红包"讨好评审专家成了"潜规则"，行贿手段愈发隐蔽。不少专家指出，扎紧制度篱笆，刻不容缓。②

在科研项目招投标活动中，因为参与评审的专家掌握了一定的权力，对科研项目的投标单位是否中标起到了至关重要的作用。因此，投标单位将行贿的目标锁定在评审专家身上。应改进评审专家遴选制度，完善科学和技术评价体系。

一方面，是评审个人的问题。个别专家抵挡不住金钱的诱惑，利用

---

① 仲玉维，蒋彦鑫. 中式卷烟项目不参评科技奖 [N]. 新京报，2012-05-05.

② 黄安琪. "顾问费"左右"话语权"——揭秘科技评审"潜规则" [EB/OL]. （2014-07-10）[2016-08-16]. http: //news. xinhuanet. com/politics/2014/07/10/c_1111559326. htm.

职务之便多次收受贿赂。"某东部沿海城市环境生态管理部门助理调研员葛某，利用担任科研项目评审验收专家的职务便利，以'顾问费''感谢费'等名义，先后收受多家科研项目中标单位给予的现金8万余元，报销各类发票5000元。有时，评审专家也难以回绝申请人的'招呼'，因为下一次发生角色颠倒或转换的概率不小，还是善善相报为上。"

同时，专家人才库不充盈也造成了评审活动中一些专家的出席频率过高，容易成为贿赂对象。而且，参评专家是受主管部门的委托进行评审，评审结果要对主管部门负责，一些评审专家为了能再次受聘参加评审而获取信任和信息资源，可能会接受来自权力机关和当权者的某种"暗示"，导致权力左右评审结果的现象发生。

因此，在基金申请的过程中，运用私人关系、甚至出现权钱交易，都是有可能的。虽然引进了国外同行的评审制度，但依旧很难摆脱私人关系的束缚，何况很多机构把"申请项目"当作有利于自己和单位的手段，费尽心思去经营关系，超出了研究本身的意义。

另一方面，是评审机制的问题。乍一看来，贿赂评审专家之所以能成为潜规则，专家难挡利益诱惑，的确是直接诱因，但将科技评审猫腻全部归咎于专家的操守，的确也并非事实的全部。事实上，假如不否认人性趋利这一弱点，科技评审其实更应从机制和程序上形成有效的制约，而不是仅仅寄希望于入选专家的操守。

在这方面，加拿大的科研项目评审就设有专门的"回避制度"，并明确列出7类必须回避的评审专家，以防止可能的利益合谋。而在德国，为了选出既懂行又公道的评审人，国家建立一个几千人的评审人员库，每隔一段时间就更新一次。各种不同背景以及利益圈之外的专家的参与，自然会增大利益公关与合谋的难度，从而让评审成为真正的意见交锋，及时暴露项目问题与风险。而专家的个人品行评价，也同样被纳入其中，一旦发现违规行为将永久剔除出专家库，并丧失在国家重大项目上的评审资格。

（三）"运动员"兼"裁判员"

"查查国家'973'就可以发现，许多评审专家本身就是项目的参与人员，教练和队员的活儿都干了。"北京工业大学某教授反映说，"像我这样的普通科研工作者，很难融入到他们的利益共同体中，所以想申请到项目比登天还难，只能申请点国家自然基金勉强度日。"①

全规办，是教育部全国教育科学规划领导小组的常设办事机构，正式成立于1983年。它设立在中国教育科学研究院内，由中国教育科学研究院院长兼任全规办主任，统筹领导全规办的工作。全规办官方网站显示，其主要职能，是负责制定全国教育科学规划及课题指南、负责制定全国教育科学规划课题管理办法、负责编制重点课题经费预算等。全规办的课题，主要分为国家级课题和省部级课题两种，前些年每年有两三百项，但近两年每年都在400项以上，在社科领域的国家级和省部级课题中占了不小的比例。这方面的违规操作表现在：负责人申报课题。据多名教育科研人员举报，反映的问题集中到一点："全规办负责人既当裁判，又当运动员，不仅在自己部门组织评审的课题中承接课题，还涉嫌违反课题管理办法。"

警示篇

161

科研经费成了"唐僧肉"

① 叶铁桥，谢湘. 全国教育科学规划课题评审被指违规[N]. 中国青年报，2013-06-27.

相关调查显示，确有多名全规办工作人员（包括负责人）申报到了课题。例如，在2010年国家重点课题立项名单中，就有时任中国教育科学研究院院长袁某的课题一项；据查，他本人至少4次获得全国教育科学规划课题，其中3次是国家重点课题，1次是教育部重点课题。[①]在2005年的教育部重点课题中，有时任全国教育科学规划领导小组办公室常务副主任曾某的课题1项。2009年，曾某的名字又出现在当年度的立项课题名单中。

"这完全没有顾及学术活动的基本规范，一边自己主持和组织课题评审，一边自己申报承接课题。这种既当裁判员又当运动员的做法，损害了学术的公平正义。"这是一种变相的"靠山吃山、靠水吃水""挂个课题既有面子，还有经济利益。"[②]

国内有些管理得较好的科研基金，都做出了明确规定，如2005年3月通过的《国家自然科学基金委员会章程》就明文规定："国家自然科学基金委员会工作人员不得申请或参加申请国家自然科学基金项目。"教育部全规办这种无视法规，任意妄为的行为，严重损害了公平正义，严重损害了审判员的身份。

当普通科研人员的"理想抱负"与"现实遭遇"碰撞时，他们就面临着自己内心对科研价值观的选择：是脚踏实地求真探索还是随波逐流？当部分科研人员价值观出现偏差，出现一些学术不端行为时，如果听之任之，这些人在学术腐败的泥潭中就会越陷越深。必须本着治病救人的原则，适时给予警告。同时，强化学术道德教育和管理，完善相关法律法规，彻底铲除"潜规则"滋生的土壤，净化学术空气。

三、制度黑洞：滋生暗箱操作

尽管近来各级学术组织都赋予了端正学风的职能，各类评奖、遴选活动都安排了公示、反馈程序，但遏制重大科技奖项评选的违规行为，更需

---

① 叶铁桥，谢湘. 全国教育科学规划课题评审被指违规[N]. 中国青年报，2013-06-27.
② 叶铁桥. 科技界四大怪现状曝光：专家评审组沦为分钱组[N]，中国青年报，2010-10-08.

要正本清源。这就要求我们必须强化学术组织、匡正学风的机制建设，同时考虑改革我们的评奖机制。

（一）奖项设立过多，造成奖励力量分散

我国现有的科技奖励体系包括官方和民间的科技奖励两个层次，以官方科技奖励为主，民间为辅。20世纪90年代以来，一批民间科技奖逐渐发展起来，如何梁何利奖、华罗庚数学奖等，但是政府的科技奖励仍是主体。政府的科技奖励体系是一个上下对应的垂直体系，中央层次，是由国务院设立的国家科学技术奖，包括：国家最高科学技术奖、国家自然科学奖、国家技术发明奖、国家科学技术进步奖及中华人民共和国国际科学技术合作奖。省、自治区、直辖市人民政府设立省级科学技术奖，在省级科学技术奖项下又可根据本省情况，分类设立自然科学奖、技术发明奖和科学技术进步奖等，省以下部门不再设立科学技术奖。国务院所属部门除国防科学技术工业委员会、公安部、国家安全部可以设立部级科学技术奖外，其他部门不再设立部级科学技术奖。除了这个上下对应的奖励体系外，基层单位也往往自行设奖，但这些科技奖就处于不是很规范的状态，奖项的名称各异，评奖的规则也有所区别。

奖励因其崇高性与稀缺性，才会对科学家产生吸引力；因其奖金额高，才会对社会产生震撼力。目前我国的科学奖励是在计划经济思维的指导下建立起来的，计划经济下搞平衡、平均，所以设立的获奖项目多、获奖人员多，而奖金额度小，对获奖的科研人员很难起到较大的激励作用，在社会上所产生的荣誉导向效果也很有限。当然这些奖励对基层单位获奖者往往能获得诸如晋级、升职和各种精神与物质奖励等优先权，产生的派生补偿福利较大，但总体上看非常有限。

（二）评奖项目作为科技成果被确认的时间过短

目前我国流行的科学成果评价，主要是把科研项目成果与以往科学成果进行对比，评价其创新程度及其意义，通常使用"国际领先、国际先进、国内领先、国内先进"等来划分成果级别。科学成果的真正价值并不主要体现在其成果比过去的差异上，而更主要体现在它在未来能给学术界、技术经济界和教育界等带来什么创造性效用。科学成果发表以后，首先是在学术界，在科学共同体内，开始了它被承认的时间历程，成果的性质不同被承认的时间历程也不同。科学共同体对科学成果的承认评价是科学家个体分散和自发地进行的，这种承认只有积累到一定数量之后才开始稳定，才有代表性，所以这种承认需要一个足够长的时间过程来充分展现自己，这个时间过程，很多甚至超过科学家个体生命的时间尺度。

我国现有的国家自然科学的评奖中规定："得到国内外自然科学界公认"，是指主要论著已在国内外公开发行的学术刊物上发表或者作为学术专著出版一年以上，其重要科学结论已为国内外同行所引用或者应用。显而易见，这么短的时间内是不可能使科技成果得到较为普遍的认可的。"科学奖励的声望主要取决于能否最恰当地把荣誉分配给科学家同行普遍认可的最值得的成果或科学家。我国科技奖励的声望不高与成果不能得到普遍的认可是有很大关系的。"[①]应该将参加评奖的基础研究课题发表的时间延长到至少10年以上，而应用技术成果推广实施的时间也应在5年以上，市场反应良好才可以参评。

（三）评奖的程序表现出明显的行政化色彩

行政化色彩体现在各个方面：比如，申报和推荐的过程，是按照行政级别层层上报，如果一项优秀的科技成果，因为各种原因在基层单位得不到承认，那么这项成果就连"参赛"的机会都没有了，如果这项成果的研究人员又得不到权威如院士的认可的话，那么基本上就永无出头之日了。

中科院植物所研究员蒋高明在博客中说："当前，学术造假与学术腐败，已经不是个案，而是普遍现象。从经济学角度来看，造假的成本远远低于造真的成本，是很多人不惜假造的原因。科技界把获取奖励发表文章这样的'成果'，与金钱、学位、职称、院士、经费、地位等高度挂钩，

① 顾海兵，王宝艳. 中国科技成果评审制度研究[J]. 复旦教育论坛，2004（04）：13.

于是就难免出现各种造假。"

科技不是不需要激励，而是不需要政府激励。我们的各种资源过于国家化，评价体制从上到下打上了国家的烙印。比如说申报科技进步奖，几乎所有的项目都是在科技部门立项的单子里，都必须是批准的项目。再重大的项目，再好的项目，没有进入立项的体系，也不能申报科技进步奖。

这种资源的集中，完全在国家，而发明创造是要自由思考、思索的，因为科技的东西不是由人为的立项能够圈得住的，往往科学的发明，都是在瞬间的，人的智力与环境、经历的结合和感悟，这要求有创造性的、想象的空间，而目前这种评奖立项体系，就把它完全圈在你所划定的范围内，还必须是指定的科研项目，科技部和财政部都得审，他们认为符合他们的要求才能立上项。

"创造性思维进不了指南和范围，就是另类。"尹卓说，"这就是扼杀创新。项目一般都是一两年必须完成任务，完不成有惩罚措施。一方面允许失败，另一方面体制上没有给失败留出路。基本的导向就是功利。像陈景润这样研究1+1的人，你以后可能很难见到了，因为他可能用很多年的时间才出一两篇论文。"在尹卓看来，现在科技投入越来越多，但很多钱都没有用到地方。"专利也是一大害"，他说"因为很多专利都是没有效益的。现在科技部分配项目的时候就明确提出，你给我出5个专利。你怎么知道一定能出专利呢？还没给钱就下这样的死指标，如果不搞垃圾专利，他有什么出路啊？你可以不搞，但下次就没项目了。因为这些人要靠这个搞政绩——这个项目我们给对了，科研能力如何如何强了。这和官员的政绩观是成一个体系下来的。"[①]

于是，科研体系倒逼专家报奖和出SCI论文，就倒逼科研人员想尽办法去跑项目。这些项目又集中掌握在行政机关的人员手中。审批权就成了一个利益交换机制，你要拿项目，要有反馈（回扣），有的项目比如要有

---

① 《〈瞭望〉新闻周刊》记者. 科技奖励"蛋糕"[J]. 《瞭望》新闻周刊，2011（24）：24~27.

1/4、1/3返还给人家，这已经成为一个"潜规则"。

其实，异化最严重的是科技进步奖，一般来说，所有项目都要经过行政部门批准，科学家的评论是个参考，立不上项就评不上奖。假如有100个项目，有十几个能进入评奖序列，谁说了算？不是科学家，而是行政部门。评奖的鉴定会是立项的职能部门的人来主持，在会上对成果鉴定的时候，你的评语，比如世界领先、国内领先、填补国内空白，这些评价语言都要他认可。有的单位成果办就那么几个人，互相之间，你管几个奖，我管几个奖，搞利益交换。

（四）科技奖励过于物化和量化

科技奖励过于量化和物化，整个科技进步奖的评价体系，从上到下已经形成了一个利益链，形成了"癌变"。

这条利益链的逻辑是：刚刚从事科研工作的年轻人，如果不搞"跑部钱进"，就拿不到项目，不拿项目就报不了奖，报不了奖就不可能积累自己晋升的资本；另外，如果不找钱，就没钱去投稿、去搞SCI论文，今后也不可能晋升。

中国海洋石油总公司原总地质师茹克委员对此深有体会。在他看来，大多数科研人员热爱研究工作，也有一定的科学理想和追求。"现在科研人员的科研时间越来越少，但科技评奖是越来越多。评价有一定的激励作用，但现在太多太滥，反而在一定程度上影响甚至扭曲了部分人的科研追求。"①

"现在大多数科技奖励都变味了。"他认为，调级别、涨工资、评先进等关乎科研人员切身利益都和科技奖励的等级、数量挂钩。导致部分科研人员急功近利，把跑项目、搞鉴定、报奖励当成科研工作的重中之重，慢慢尝到甜头后，反而没有心思静下心来踏实地做研究工作，时间一长，无形中助长了科技工作者心浮气躁、弄虚作假的不良风气，最后离真正的

① 王飞. 科研人员价值观调查：诚信没有奖励 造假不会惩罚[N]. 科技日报，2011-03-15.

科研工作越来越远。

最可怕的后果也许是，年轻人学坏比年长的人还快，这样他以后当了教授，他带出的学生也是这样，这就是评奖物化和量化之后的"癌变"。

（五）加大科技评奖的社会监督

在专家评审过程中，科技项目基金会全程参与并监督，专家的评审理由及投票也将全部记录在案。当科技项目的评审不再能以专业门槛构筑利益圈子，并不得不接受更多的约束、公开乃至监督，各种利益公关的"潜规则"猫腻，自然也难以有隐蔽藏身之地。

现在高校有一批这样的人，学术不怎么做，但成天去跑项目、拉关系，项目跑回来以后，再拉扯出来一批人层层分包。"由于评审制度也很差劲，最后项目完成了，不是国际领先就是国际先进，实际上啥东西都没弄出来，纯粹就是瞎糊弄、大忽悠。我们有时候也笑谈，这是在中国捞钱最没风险的事了，像官员贪污受贿，说不定哪天还进去了，在中国，谁听说过有几个通过申请科技经费捞钱进去了的？"

当前中国社会正处于一个转型期，诚信建设还刚刚起步，造假成本远远小于造假所带来的丰厚的收益。当诚信得不到奖励、虚假受不到惩罚时，造假自然就会形成风气，这股风气对科技界影响巨大。具体而言就是踏实搞科研的人少了，通过学术造假等"捷径"短期内获取成果的人多了。

因此，引入社会监督机制成为当务之急。"社会公众还是要加强举报和监督，尤其是造假者的同行，更是要勇于把发现的学术造假信息及时地发布到社会上，让造假者无藏身之地。"①

重大科技评奖中的违规案例给我们的警示是：一旦权力得不到有效监

---

① 冯永锋. 微博热议李连生造假事件 社会监督有利防治学术造假 [N]. 光明日报，2011-02-12.

督和制约必然产生腐败！我们要把"制度+科技"的理念和方法融入监督制约的制度设计和管理流程中，用技术"冷"手段来制约人情"热"关系。重大科技评奖的"雾霾"才有可能尽早散去。

第九章 专著和论文撰写与发表中的学术失范现象

　　根据全球著名金融信息提供商汤森路透集团公布的报告称，我国科研人员目前每年发表的科研论文数量仅次于美国，位居世界第二位。据统计，目前，我国一年产生的论文数量有34万篇，每天都有将近1000篇论文问世。然而，论文的质量又如何呢？2013年《中国社会管理发展报告》调查发现，论文质量不高以及创新不足仍然是困扰我国科研发展的首要问题。近10年来，我国科技人员在国外期刊发表论文的增长速度位居世界第一，但绝大多数科研论文的引用率排在世界100名开外，也就是说，真正具有较高学术水平的论文却是凤毛麟角。

　　必须正视的是，在这些学术论文及专著撰写与发表的过程中仍旧存在着学术失范现象。2013年4月，《中国社会科学报》随机选取来自全国各地的60多所不同层次高校的300余名学者进行了问卷调查或电话访问，调查结果显示，学者们对"当下学术界道德状况的整体评价"很不乐观，约有18%的学者认为学术失范现象"非常严重"，62%的学者认为"比较严重"，只有19%左右的学者认为学术失范现象是"极个别的少数现象"，仅有不足1%的人认为学术道德状况"非常好"。[①]高校被誉为"象牙塔"，是专门从事学术研究的净土。然而，这片净土已经成为人们心中的回忆，取而代之的是对学术造假与作弊行为不断出现的无奈。

　　有人感叹，现在已经分不清自己努力做实验、作研究，究竟是为了探究科学真理，还是为了发表论文。社会的浮躁、人性的贪婪等，使得学术界这块净土已不再纯净。无论专业和研究领域如何不同，在专著与论文撰写和发表中的学术失范现象却惊人地相似！卷入其中的既有名不见经传的小人物，也有已广为人知的专家、权威、大腕。一旦东窗事发，当事人轻

---

　　① 霍文琦. 学术道德现状调查显示：学术失范现象比较严重来源[N]. 中国社会科学报，2013–03–27.

则灰头土脸，重则身败名裂。

总体来看，大部分学者、教授、科研工作者能够严守学术道德，兢兢业业地从事学术研究，推动了我国学术研究健康发展。但是，应该清醒地看到，学术界也确实存在着一些学术道德失范的现象。具体来讲，主要表现在以下几个方面。

一、"拿来主义式"的抄袭

直接把别人的文章复制过来，不经过任何加工和伪装，这是简单的"剪刀加浆糊"式的抄袭；花费一番功夫，将多篇文章的内容进改头换面、移花接木，变相占有他人的主要研究成果、计算结论，这是较为复杂的、具有一定技术含量的抄袭。这些都属于"拿来主义式"的剽窃，是目前学术道德失范中最常见的现象。

（一）典型案例

1. 四川大学一副研究员因严重抄袭被双开①

2011年8月初，来自中国台湾的苏先生向四川大学举报，称巴蜀书社2009年出版的，由该校道教与宗教文化研究所某副研究员撰写的《中国先秦之信仰与宇宙论——以〈太一生水〉为中心的考察》一书第八章严重抄袭台湾师范大学郑某完成于2003年的硕士论文《战国时期道家之宇宙生成论》。

接到举报后，四川大学迅速启动了相关审查程序，学校学术委员会、学术道德监督委员会组织专家进行了鉴定。经过2名校内专家和1名校外专家认真鉴定后，一致认定该研究员的抄袭行为属实，他本人也认同专家的鉴定结果，对自己的抄袭行为写了书面检讨，并通过电话向郑某进行了诚恳的道歉。在确定鉴定结果后，四川大学学术委员会、学术道德监督委员会召开会议，认定此人的抄袭行为严重违反了该校的学术道德规范，经校学术道德监督委员会和校务会研究决定予以严厉的处分：第一，解除副研究员聘用，取消其研究生导师资格；第二，给予开除公职留用察看（察看

---

① 严重抄袭 川大一副研究员被双开[N]. 华西都市报，2011-09-22.

期一年）的行政处分；第三，撤销其已申报立项的2010年度四川大学中央高校基本科研业务费研究专项（哲学社会科学）项目——杰出青年基金项目，并追回拨款；第四，建议四川省社科联撤销其因《中国先秦之信仰与宇宙论——以〈太一生水〉为中心的考察》一书获得的一切荣誉和奖项，并追回全部奖金；第五，开除党籍。

2. 史上最牛硕士论文抄袭①

2009年5月21日中午12时31分，一位网友在"天涯社区"论坛发表了一篇题为"史上最牛硕士论文抄袭，直接用替换键搞定，我无语了"的帖子，帖子一经发出即引起了轰动。许多回帖者对此抄袭行为表示了惊讶和愤怒，有的网友甚至对当事人进行了人肉搜索，并将其个人信息贴了出来。

事情的起因是发帖人小萧在学习过程中需要查阅资料，便在中国知网下载了一些论文，其中两篇硕士论文的题目非常接近，引起了他的注意。一篇是东北财经大学2007年的硕士学位论文，这篇被指抄袭的论文题为"山东省FEEEP协调度研究"，作者：袁×；指导教师：杨××教授；答辩日期：2007年11月；网络出版投稿时间：2008年3月19日。而被抄袭的对象是南京财经大学2006年的一篇硕士学位论文"江苏省FEEEP协调度研究"，作者：曾××；指导教师：胡××教授；答辩日期：2006年12月27日；网络出版投稿时间：2007年7月16日。这两篇硕士学位论文都被收录在"中国优秀硕士学位论文全文数据库"中。小萧称："当时看题目就觉得有点诡异，打开来细看，原来真是抄袭的啊，而且抄得还特别夸张，直接用替换键搞定。学术造假的新闻、论文抄袭的故事咱也听多了看多了，但看到这样抄袭的还是第一次，这可是硕士论文啊……"在帖子中，小萧详细描述了两篇论文的比对情况："这两篇论文整体框架完全一样，除了把'江苏'两字替换成'山东'，把江苏的统计数据换成山东的统计数据，

---

① 来扬. "史上最牛硕士论文抄袭"调查[N]. 中国青年报，2009-05-25.

以及一些统计指标的对比排序结果稍微改变之外，从摘要、目录、文献综述，到正文分析，再到后面的对策几乎完全一样，就连参考文献的排列顺序也一模一样，就差后面的致谢不同了，太夸张了。"

3. 西南交通大学副校长抄袭论文被取消博士学位①

2007年12月，西南交通大学接到关于该校某副校长（教授）博士学位论文第四章涉嫌抄袭问题的匿名举报，2008年4月，该校学术委员会成立学术道德委员会后，学校再次收到关于该副校长博士学位论文涉嫌抄袭的7人联合署名举报。接到举报后，学校责成学术道德委员会对此进行调查。其间，调查工作由于"5·12"汶川特大地震被迫推迟，直到2008年11月，调查工作重新启动。

2009年4月，8名来自不同高校相关领域的专家经过认真核查，给出一致意见："抄袭成立。"在此基础上，该校学术道德委员会提出了定性结论建议。2009年6月6日，西南交通大学第六届学术委员会第八次会议上，与会委员投票表决，同意学术道德委员会提出的关于该博士论文第四章涉嫌抄袭问题成立，且性质较为严重的定性结论。根据这一结论，西南交通大学学位评定委员会于2009年7月10日下午召开了九届六次会议，经过无记名投票表决，决定取消其博士学位，撤销其研究生导师资格，并将处理结果上报国务院学位办备案。

4. 学术期刊公开曝光北大博士生抄袭国外论文

2014年8月17日，新闻传播类知名学术期刊《国际新闻界》首次发出关于论文抄袭问题的公告：《关于××论文抄袭的公告》。××发表于该期刊2013年第7期的《1775年法国大众新闻业的"投石党运动"》涉嫌抄袭发表于《Eighteenth-Century Studies》1984年第4期，作者署名为Nina R. Gelbart题为"Frondeur" Journalism in the 1770s: Theater Criticism and Radical Politics in the Pre-revolutionary French Press的论文。在公告中，附录了两篇

---

① 西南交大副校长黄某抄袭论文[N]. 重庆晨报，2009-07-16（12）.

论文，并用黄色标注了××抄袭的内容，除了摘要和结语部分，××几乎全文"翻译"了Gelbart的论文，多个段落甚至一字未改。

该刊认为，××的行为已构成严重抄袭，为了反对此类学术不端行为，该刊决定采取三点措施：第一，将××论文抄袭情况公告于本刊网站，并通报××相关单位；第二，联系相关文献收录机构，删除××该文的电子版；第三，5年内拒绝采用××的投稿。

在《国际新闻界》编辑部发布公告的时候，××已于2013年7月从北京大学博士毕业，并进入中国社会科学院世界历史研究所博士后流动站。根据《北京大学研究生基本学术规范》的规定："已结束学业并离校后的研究生，如果在校期间存在严重违反学术规范的行为，一经查实，撤销其当时所获得的相关奖励、毕业证书和学位证书。"也就是说，虽然已经毕业，她的行为仍要受到北京大学校规的约束。2015年1月10日，经过5个多月的调查，北京大学公布了调查结果：北京大学第118次校学位评定委员会审议撤销××博士学位事项。在抄袭事件曝光后，中国社会科学院世界历史研究所张所长在接受千龙网记者采访时表示，如果北大取消她的博士学位，该所也将取消其读博士后的资格。

除了上述案例之外，近些年，被媒体曝光的抄袭事件在学术界时有发生，而且有愈演愈烈之势，一些高等院校成为重灾区。例如，2006年12月28日，西北农林科技大学一名博士研究生和一名硕士研究生皆因抄袭他人学术论文被开除学籍；2007年年初，南开大学复议了一篇2004年通过答辩的博士论文，通过查证发现存在严重抄袭，撤销了抄袭者两年前获得的博士学位；2008年6月，延边大学一位2006届研究生的硕士论文被举报有大范围抄袭问题，经学校核查，其学位论文抄袭率达20%以上，最终撤销了这位学生的硕士学位，其导师也因指导失误，被取消3年的研究生招生资格。2009年4月1日《光明日报》报道，中国政法大学2006~2008年3年中，检查了3836篇研究生学位论文（包括硕士学位论文和博士学位论文），查出有抄袭行为的有240篇。当然，不仅国内高校如此，国外高校同样存在此类问题。英国《伦敦时报》2008年11月2日公布的一项调查结果显示，剑桥大学近半数的学生承认曾经有过剽窃行为，而只有5%的受访者表示其欺骗行为被发现，也就是说大多数的欺骗行为蒙混过关。

（二）抄袭的原因与分析

面对如此严重的抄袭行为，我们不禁要问以下问题。

1. 谁为抄袭论文开了绿灯？

近些年，关于论文抄袭的事件比比皆是，从院士、教授到普通老师，从博士、硕士到学士，论文抄袭现象普遍存在，这一现象发人深思。发表于期刊的学术论文需要几轮评审审稿，尤其是学位论文，需要经过导师审核、预答辩、答辩等若干环节，而且部分论文还要经过盲审，在经历过重重关卡之后，仍然有一些抄袭的论文顺利过关。是谁为这些论文开了绿灯？在前述案例的帖子中，就有网友回帖认为："几乎连一个字都不改，他的老师绝对有责任。"关于这个问题，举报人小萧也持相同观点："我觉得学位论文抄袭能通过，责任最大的不是抄袭者而是把关的人。"小萧的这一观点固然有些偏激。论文抄袭，最根本的原因还是在于抄袭者本身，如果不是知识结构欠缺、写作能力低下、主观上存在投机取巧的想法，自然也不会想到通过抄袭达到自己的目的。但是，不可否认的是，在这种行为成为司空见惯的现象时，就不仅是抄袭者自身出了问题，监管和教育等也一定存在问题。试想，如果导师严格把关、时时跟踪论文进度，如果期刊刊登文章前严格审稿，这种现象是否会有所改观呢？

2. 技术手段是万能的吗？

在林林总总的抄袭事件中，抄袭行为被发现后，虽然抄袭者都受到了不同程度的惩罚，一些甚至被取消了学位，但是，这都是事后的惩罚手段，并无法从根本上解决抄袭问题。面对愈演愈烈的抄袭现象，中国学术

知网学术不端检测系统

期刊电子杂志社2008年开发了"学位论文学术不端行为检测系统"①，这一检测系统通过信息技术手段将论文中与其他已发表文献中的雷同部分标示出来。目前，许多高校已经启用了该检测系统，通过技术手段对学生的学位论文进行检测。一些学术期刊也对投稿文章进行检测，如发现雷同过多会要求作者重新修改。关于查重率的要求，各个学校和期刊的规定并不一致，有的规定不得超过10%，有的规定不得超过20%。这个检测系统的使用，为学校和期刊对论文的评审提供了快捷的技术支持。就像上述几个案例，如果学校或期刊当时使用了检测系统，估计就能及时发现抄袭，而不是被动地等人发现并进行举报了。

"抄袭检测系统"的应用，一方面，为杂志社的编辑和学校可以快速检测出论文是否存在抄袭提供了便利条件；另一方面，检测系统对投稿者和学生也确实起到了一定的威慑作用，给论文的作者敲响了警钟。但是，这样一个检测系统也不是万能的。首先，这种能够迅速判断论文重复率的技术辅助工具的检测结果是否科学准确？对于这个问题，有一些作者持有不同看法。一位教授表示，他投稿的文章里引用了一段党的工作会议的内

---

① 中国学术期刊电子杂志社. 学位论文学术不端行为检测系统（TMLC2）[EB/OL].（2008-12-26）[2015-10-20]. http：//check. cnki. net/tmlc/.

容，并用引号标注了出处，竟然还被"标红"，而这些内容应该属于公共资源，不应该被计入重复率统计中。另一位博士也表示，在其投稿的文章中，"十八大"这样党的代表大会的简称也被检测系统"标红"，并记入重复率统计中，后来不得已，他将"十八大"改成"党的第十八次全国代表大会"才算通过，这让他哭笑不得。其次，有了这样一个未必科学准确的检测系统后，是否会造成人们的依赖心理？作为作者，由于担心检测结果显示相似度过高而不通过，部分学生和投稿者一般会先自行通过网上的其他检测系统作一次自我检测，再针对这次预测的结果对论文进行"整改"，比如，以注释的形式注明出处，或者换一种说法，或干脆把不重要的部分删掉。①虽然最后都能顺利通过，但是，这样出来的文章只是低水平的重复，对于学术的创新没有任何意义。而对于审稿方或者校方而言，是否有了这样一个检测系统之后，就可以不用花费大量的时间和金钱请学者、教授审稿了呢？包括毕业生的导师，是否也会因为这个检测系统而放松对学生写作过程的监督和指导呢？有学者指出："信息化时代所特有的技术崇拜促成了对检测系统的非理性依赖，系统检测结果的权威性被放大的同时，专家审查的环节往往被束之高阁。"②

3. 举报是"多管闲事"？

在前述网络举报的案例中，有一个现象值得深思。当小萧发出帖子后，有的回帖者表示，论文拼凑和抄袭的现象很常见，没什么大惊小怪的，甚至有人认为发帖人将此事"曝光"的做法是"损人不利己"，还有可能是"别有用心"。对于这样的质疑，小萧回应道："没想到有那么多人骂我，土壤如此丰厚，也难怪学术如此腐败，抄袭如此猖狂了。"

近些年，我国学术道德腐败现象在高校里尤其严重。中国青年政治学院的学生曾经进行过问卷调查，调查对象是该校2004、2005、2006三个年

① 来扬. "史上最牛硕士论文抄袭"调查[N]. 中国青年报，2009–05–25.
② 何晓聪. 研究生学位论文学术不端行为检测管理对策探析[J]. 现代教育科学，2014（01）：170–172.

级本科生的论文写作情况。调查结果显示："69.1%的学生认为身边存在较多或很多抄袭现象，而在发现抄袭现象后，却有47.7%的学生觉得正常，13.7%的学生甚至当作没有发现。"[①] 这不仅说明大学生论文抄袭现象非常严重，而且更为严重的是，许多学生并没有认为自己的这种行为属于严重的道德问题。为什么出现这样的结果呢？首先，经调查发现，"只有9.2%的同学清楚地知道什么是抄袭，5%的同学非常了解论文的体例格式"[②]，这说明大部分学生对学术规范的知识非常欠缺，学校并未对学生进行规范写作的教育。其次，调查显示，"有83.2%的同学认为抄袭是不对的"[③]，但是仅限于"不对"这样的认知，他们并未了解到抄袭行为是一种严重的道德问题，这说明学校对学生的学术道德教育也非常欠缺。种种情况表明，中国青年政治学院的这个调查结果并非个案，它代表了我国许多高校关于学术道德和学术规范教育的现状。显然，学术道德和学术规范教育的缺失，加上学生学习钻研的惰性，如果再没有老师、学校的严格把关，出现论文抄袭现象就在所难免了。

因此，对于有的网友认为举报者是"多管闲事"这种观点，必须引起足够的重视。如果持这种观点的人越来越多，必然会为滋生学术道德腐败提供温床，会使那些抄袭、造假的人更加猖狂。如果每一个科研工作参与者都能充当学术的"打假者"，让那些抄袭、造假者无处遁形，就一定能还学术界一个洁净的天空。

二、剽窃核心成果

在学术界，除了直接抄袭之外，剽窃别人已公开发表或未公开发表的成果，或者成果中的核心观点或数据等资料，也是较为常见的一种学术失范现象。《美国语文学会研究论文写作指南》中将"剽窃"界定为"虚

[①][②][③] 樊丽芳，孔恒星. 近七成大学生认为论文抄袭现象多[N]. 北京日报，2008-01-30（15）.

假声称拥有著作权，即取用他人思想之产品，将其作为自己的产品拿出来的错误行为"。也就是说，在自己的文章中使用他人的观点而没有标明来源，就是剽窃。2004年6月22日，我国教育部社会科学委员会讨论通过了《高等学校哲学社会科学研究学术规范》，其中关于学术引文规范明确指出："凡引用他人观点、方案、资料、数据等，无论曾否发表，无论是纸质或电子版，均应详加注释，凡转引文献资料，应如实说明。"虽然规范非常明确，但是，仍有一些学者无视规范，公然剽窃。

黄红云是世界上较早开展嗅鞘细胞移植临床治疗研究工作的神经外科医生，现就职于北京市石景山区西山神经再生和功能重建研究所、北京市西山医院暨北京康复中心，从事当今世界神经科学研究的热点——神经再生和功能再建问题的研究。传统医学观念一直认为完全性晚期脊髓损伤后神经功能无法恢复，致死性运动神经元病也没有任何方法能控制，或者逆转其恶化趋势，而黄红云将嗅鞘细胞移植的方法用于脊髓损伤和运动神经元病后，被他用这种方法治疗过的来自50多个国家和地区的600余例病人中，70%以上的患者生存质量有了很大提高。

2003~2005年，美国迈阿密大学医学院脊髓损伤研治中心的两位科学家Guest和Qian，来到黄红云当时所在的北京朝阳医院，对黄医生对病人的诊治进行了跟踪观察，他们重点观察了一位名叫松岭贵幸的日本男孩。这个19岁的男孩因在8个月前滑雪时摔伤，颈部以下感觉丧失，无法站立和行走，大小便失禁，在当地进行手术并康复训练后并未获得改善。来到朝阳医院后，黄红云于2004年7月28日下午为他做了手术。当两名美国科学家目睹日本男孩手术前后的变化后，要求与黄红云合作写论文，黄同意了，但条件是：论文必须是双方合作，自己必须作为论文的第一作者和责任作者。但是这两位美国科学家提出："从政治上考虑，我们应该作为论文的责任作者。"而国际惯例是，一篇论文的责任作者要对论文的内容负全责，而且拥有论文的全部著作权。这事关知识产权和一个科学家的尊严，黄拒绝了他们，表示论文宁肯不发表，也不承认他们是责任作者。

然而，事情的发展出乎所有人的意料，一篇记录了发生在2004年7月28日下午北京朝阳医院的那场手术以及那位日本男孩康复情况的论文于2006年3月发表在世界脊髓损伤研治领域最权威的学术杂志《脊髓》上，作者是三个美国科学家，而对真正的研究者和手术人黄红云，只在论文最后轻描淡写地感谢了一下。就这样，一个中国医生的手术和研究成果，转眼间竟变成了美国科学家的成绩。更加令人气愤的是，在将别人的成果据为己有之后，Guest医生又与他人合作撰写了一篇评论性文章，批评黄红云的其他几名患者并未获得良好的恢复，并将文章翻译成中文，投向多家中国国内杂志社和相应政府医疗机构及学术团体。这让黄医生大为光火，并开始了自己的维权之旅。他向《脊髓》杂志和美国迈阿密大学科学伦理委员会投诉，要求查处Guest盗用同行研究成果和思路的做法，并要求Guest医生公开致歉。但是相对于来自世界顶级实验室的知名科学家来说，黄红云作为一个中国医生，显然势单力薄，他手中唯一的有力证据是病人的病历、临床录像资料、磁共振影像等。松岭贵幸，那个接受手术的日本男孩，也为黄红云出具了一份声明，授权他在媒体或医学期刊上报道其医学资料，并表示抢先报道他的美国医生根本没有经过他的知情同意和授权。然而，《脊髓》杂志、美国迈阿密大学科学伦理委员会均未给黄红云实质性回答。这位曾经在美国做过3年博士后的中国外科医生感叹，如果中国科学家剽窃美国科学家的研究成果，他们是否还会这样无动于衷？[①]

　　上述两个案例中涉及的学者，皆为在本研究领域具有较高造诣的教授、科学家，涉嫌剽窃的成果也是在该科研领域较为前沿的研究成果。也正是如此，这种剽窃行为更加令人震惊和不解。作为学术造诣高深的教授、科学家，本应该是学术界以及高校里众多莘莘学子的学习对象，理应为大家树立一个严谨治学的榜样，而非以这样的方式为大众熟知。

---

　　① 朱玉，吴晶. 一个中国医生的跨国知识产权之争[EB/OL]. （2006–07–07）[2015–02–23]. http：//news. sina. com. cn/c/2006-07-07/19189400004s. shtml.

三、伪造或篡改实验数据

除了将别人的研究成果"拿来"直接用在学术论文的写作中之外，还有一种常见的学术失范现象，就是当科研活动中的调查或试验结果不符合预期时，一些学者或学生为了能够达到预期的目的，往往采取修改、甚至伪造数据的方法来"完成"工作，而不是重复试验、深入研究。

1. 韩国造假科学家黄禹锡

黄禹锡，韩国首尔大学教授，全球知名的生命科学家。2004年2月黄禹锡在美国《科学》杂志上发表论文，宣布在世界上率先用卵子成功培育出人类胚胎干细胞。2005年5月，他又在《科学》杂志上发表论文，宣布攻克了利用患者体细胞克隆胚胎干细胞的科学难题，为全世界癌症患者带来了希望，其研究成果轰动了世界。他的这一重大贡献使其获得了"韩国克隆之父""民族英雄"的称号，当时韩国人民甚至希望他有一天能够获得诺贝尔奖。连续不断推出世界性的科研成果，使黄禹锡成了民族的骄傲，政府也给予了相当的重视并委以重任。2005年首尔大学国际干细胞研究中心成立，黄禹锡担任主任，韩国政府向其研究小组提供了数百亿韩元的研究资金，并授予其"韩国最高科学家"的称号，甚至为其提供了保镖服务。

然而，2005年年底，被鲜花、掌声、荣誉包围着的黄禹锡命运直转急下。韩国文化广播公司的新闻节目《PD手册》报道了其在研究过程中"取用研究员的卵子"的丑闻，

黄禹锡向韩国国民道歉[①]

---

① 图片来源：中国网. 韩国科学家黄禹锡再次向韩国国民道歉（组图）[EB/OL].（2006-01-12）[2015-10-20]. http://www.china.com.cn/chinese/HIAW/1091417.htm.

使得"黄禹锡神话"开始破灭。他的合作者之一、美国匹兹堡大学教授夏腾于2005年6月揭发他所用的干细胞来源涉嫌违背伦理道德。之后，2005年12月，夏腾又致信《科学》杂志，置疑他的论文数据与图表的可靠性，并要求撤销自己在该论文中的署名。同年12月23日，首尔大学成立专门的调查委员会。2006年1月10日，韩国首尔大学调查委员会公布"黄禹锡造假事件"的最终调查结果：黄禹锡及其研究小组除了成功培育出全球首条克隆狗外，其余科研成果均系造假。

黄禹锡"学术造假"丑闻令世界震惊，他本人也因此名誉扫地。首尔大学解除了他的教授职务，韩国政府也取消了授予他的"最高科学家"称号。韩国检察部门在2006年5月对黄禹锡提起诉讼，2009年10月26日，韩国首尔中央地方法院对历时3年多的黄禹锡案做出一审判决，以侵吞政府研究经费和非法买卖卵子罪，判处黄禹锡有期徒刑2年，缓期3年执行。

2. 日本"学术女神"的陨落①

小保方晴子，日本理化研究所科研人员，30岁出头，拥有日本著名大学早稻田大学的博士学位，且曾在哈佛大学研修。由于年轻且拥有姣好的面容，小保方晴子被理化研究所和日本媒体称为"学术女神"，且在民众中拥有较高的知名度。

2014年1月，小保方晴子等人在《自然》杂志发表论文，表示成功培育出了能分化为多种细胞的新型"万能细胞"——STAP细胞。这种号称"颠覆了生物学常识"的"万能细胞"有望用于再生医疗，且提取方法十分简单。然而，在其论文发表之后一直没有任何机构能够重复她的实验结果，在众多研究人员对该论文提出诸多疑点之后，日本理化研究所成立了调查委员会，并于4月1日发表最终调查报告，宣布论文存在"捏造"和"篡改"行为。7月2日，英国《自然》杂志撤销了小保方晴子涉嫌造假的论文。19日，小保方晴子发表声明，对于未能重现结果和给理化研究

---

① 田泓. "学术女神"陨落暴露日本科研机制弊端[N]. 人民日报，2014-07-09（03）.

所带来困扰表示道歉，并表示已经辞职。这次事件在日本及国际上掀起了轩然大波。

在调查过程中，调查人员发现其发表于《自然》的这篇论文存在以下几个疑点：第一，实验方法部分涉嫌抄袭，小保方晴子对此的解释是"疏忽"，并承认"借鉴了其他论文的方法"；第二，涉嫌拼接并篡改实验图像，小保方晴子称只是为了图像美观，自己并不知道不可以拼接；第三，有实验图像涉嫌"重复利用"了她的博士论文图像，而她的博士论文课题与发表于《自然》杂志的这篇论文的课题完全不同。那么问题很简单，同一实验都不可能得到一模一样的两张图片，不同的实验又是怎么得到的？[①]也就是说，论文有明显的造假痕迹。当这篇论文被发现有造假嫌疑后，日本网民掀起了"人肉小保方"的行动，行动发现她的博士论文涉嫌在引文部分抄袭美国一家网站介绍而未注明出处，实验结果中也有两张图像涉嫌抄袭某商业公司的网站。

这次事件暴露了日本科研机构管理的诸多问题。经调查发现，在这起事件中，相关数据全部掌握在小保方晴子手中，研究中心主任在整个研究过程中从未对其进行指导，也没有对最终结果进行审查，所有的规章制度形同虚设。因此，有人认为，日本科研监管机制不完善、缺乏独立的科研监督为学术造假开了"绿灯"。不仅如此，这件事还引发了学界人士对日本教育体制的思考。有分析认为，日本教育界重数量、忽略质量的人才培养做法导致科研人员水平参差不齐。一位日本教育界人士认为，如果不清除学术造假的土壤，"学术女神"的陨落就不会是个例。

3. 中科院博士因数据造假被取消博士学位[②]

2007年7月，中国科学院研究生院学位评定委员会发布一则消息称，中国科学院上海有机化学研究所一名已经取得博士学位的××发表在世界顶

---

① 李宓. 日本"学术女神"缘何跌下神坛[N]. 新京报，2014-07-06.

② 中科院女博士论文造假真相：数据造假难以发现[EB/OL]. （2007-07-19）[2015-02-23]. http：//news. sina. com. cn/c/2007-07-19/090613480888. shtml.

级化学刊物《美国化学会志》上的论文中存在数据造假的行为。鉴于此行为严重违反了学术道德，中国科学院研究生院学位评定委员会决定撤销其博士学位。

××在攻读博士学位期间经过近两年的努力"实现"了最初的研究设想，并将研究结果发表在《美国化学会志》上。2006年博士毕业后，她去了德国做博士后研究，课题交由小组另一位研究生冯某继续研究。然而，冯某在做实验时始终无法得到××那样的数据，多次实验无果后，冯某无奈之下与身在德国的××联系，讨教如何操作实验。××回信表示实验操作应该没有问题，问题可能出在一瓶试剂上，"但遗憾的是，那瓶试剂已经被完全用光了，连瓶子都已不知去向了"，也就是说找不出问题的缘由了。而××的导师林某预感到问题没有这么简单，遂决定提供国际旅费，请她本人回国重复实验。经过反复交涉，××同意回国重做实验。在重复了自己的工作之后，其实验结果却与冯某的结果差不多。面对如此结果，××不辞而别。当林院士表示再给一次申辩机会的时候，她回信说："我承认与否，有什么区别吗？"并且表示，"不要再找我了，要怎样处理，你们看着办吧，我是不会再回头了"。

为了慎重起见，林院士与研究小组成员召开了两次组内会议，讨论结果均认为××论文中有关实验数据造假属实。鉴于此，林院士先后两次给《美国化学会志》主编写信说明了情况，并请求撤销论文。与此同时，有机所学位委员会也成立调查小组展开调查，最终做出撤销其博士学位的处理，并将相关情况汇报给了国务院学位办等部门。她在德国的导师也因此终止了与她的聘用合同。对于这件事，林院士曾在写给同事的信中说到："她的造假，不仅毁了她自己，也毁了我和小组的良好声誉""这是个沉痛的教训，但愿警钟长鸣！"

伪造数据在我国高校理工科论文撰写时普遍存在。在完成学位论文时，学生为了能够顺利毕业，又限于研究时间、实验经费及自身能力不足的限制，往往会伪造或者篡改调查实验数据。某高校信息工程专业的硕士研究生孙某临近毕业了，但是毕业论文中还存在多处问题非常棘手，"论文中的几个数据确实还是对不上结论，应该要重新做一下实验，可是，这段时间太忙了，来不及重做，我想还是自己改改吧。"孙某的校友韩某，该校计算机专业的学生，认为现在理工科大学生论文中数据造假的现象并不少见，"纯粹是自己瞎编的应该不多，因为很难自圆其说，更多的时候是自己修改一下，控制在合理误差之内就行了。"北京市某高校的本科生李某则表示，他们平时的课程论文涉及的实验多属于验证实验，所以数据有出入的时候，就参考师兄师姐以前的报告，或者稍微修改一下，"谁也不愿意再费事重新验证了"。而对于造假现象，经记者调查发现比例很高。某研究生甚至表示，他们班80多个人，据估计也就十几个人从来没有编造过数据。一位网友在网上质疑研究生教育时谈到，对于理工科学生而言，"怎样拿出支持自己结论的数据来，那就看个人的智商了"。不过，这里所谓的"智商"，并不是指通过刻苦钻研，获取令人信服的数据的能力，而是"编造数据"的能力。①

从韩国"民族英雄"黄禹锡，到日本"科研女神"小保方晴子，再到学位论文中数据造假的众多学子，这些案例说明急功近利的社会氛围、巨大的个人利益以及日益激烈的学术竞争是学术造假现象形成的催化剂。但是，这种造假行为后果的严重性要远远超过抄袭、剽窃行为，它不仅给国家造成了大量的经济损失，更重要的是，这种造假行为阻碍了科学技术的创新发展，不仅不能使人类更加接近真理，反而会使人类与真理渐行渐远。

四、论文买卖交易

2014年12月21日，中央电视台财经频道"第一时间"栏目以"论文买卖黑幕调查"为题作了一期专题节目，对学术论文买卖交易链进行了跟踪调查和曝光。其实，论文买卖早已成了公开的秘密，从用于职称评审的学

---

① 叶铁桥，逄成欣. 高校理工科的"黄禹锡现象"[N]. 中国青年报，2008-04-22.

毕业论文专卖店

术论文到学士、硕士、博士学位论文，各种类型、专业的论文基本都可以买到，根据论文的字数和要求，价格从几百元、几千元到上万元不等。

　　尤其是每年的毕业季，即将毕业的本科生、硕士生、博士生忙着找工作或准备论文答辩时，也是代写论文的公司业务最繁忙的时候。"提供各类论文，保证原创，值得信赖"之类的广告频繁地出现在校园的宣传栏、网站论坛上，引来许多学生匿名询问论文的价钱和质量，以及一些"热心"的"过来人"介绍经验……一派熙熙攘攘的繁忙交易景象。就像天津某高校硕士生张某说的："你看看现在网上越来越多的论文范文网站和遍地的论文'枪手'，就知道这个问题有多严重了。"据业内人士介绍，目前以论文买卖为主营业务的网站已发展至800多家，部分论文交易网站流量5年间增加了10倍。①曾有报告指出，中国的论文买卖交易已达10亿元规模。在某电子商务平台，搜关键词"论文"就可查到2887家专门从事论文代写、代发的店铺。

　　（一）高价买来的论文没通过②

　　武汉一所高校的研三毕业生小王怎么也没想到，他花重金请"专业人

---

① 刘茜，姚晓丹. 论文买卖，学术诚信之殇[N]. 光明日报，2012-05-25（06）.
② 沈度，佘影. 本报揭开网上论文买卖灰色链条[N]. 楚天金报，2013-10-30（01）.

士"代写的毕业论文竟没能帮他蒙混过关。2012年12月，毕业前夕的他找到一家网店，花9000元购买了一篇2万字的论文。店家一再承诺，由专业人士撰写，保证通过，否则退款。在支付了一半款项之后，一个多月后，小王如期收到了店家发来的论文。收到论文后，小王没有多想便将论文上交学校，并按约定将余款付给了店家。但是，没有想到的是，这篇由"专业人士"撰写的毕业论文被学校检查出抄袭率高达60%，结果论文不过关，小王被迫延期毕业。他随即找到店家要求退款，可店家却称论文没通过的原因，是小王跟导师关系不好造成的，并不是文章不行，拒绝退款。

在接到举线索报后，记者随同执法人员找到了这家网店幕后的公司。面积不到100平方米的室内，20名业务员坐在隔间里，人手一台计算机，或是接听电话，或是在电脑上回复客户咨询，业务很是繁忙。办公室的墙上贴着"员工守则"，在业务量统计栏里，清晰地列出每名客服的业务量。记者观察发现，仅仅在一周内，一位客服的业务量就有15单，销售额高达47150元。一名曾经做过兼职写手的学生对记者表示，论文代写机构的写手，一般都是各大高校的研二学生，他们时间比较空闲。"若是简单论文，他们会直接让公司员工（客服）写；如果论文比较复杂，比如硕士毕业论文等，公司就会通知招聘的高校研究生写，博士写手很少。"

在代写代发的背后，甚至隐藏着以此为诱饵的诈骗行为，而上当受骗者只能哑巴吃黄连了。一位大四学生小李就遇到过此事，在给广告上的写手汇了300元订金后，"对方就停机了，再也没联系上，这么丢脸的事儿都不敢让别人知道，更不用说报警了"。2012年5月21日，《北京日报》也以"学者'网购论文'被骗'论文买卖'竟不违法"为题报道了一起诈骗案件，一名自考生利用境外服务器自建"英文国际论文网"，一年内在全国收取50多人"代写代发"论文费约200万元，被骗者很多是国内科研机构的研究员、大学副教授、讲师或医生。[①]尽管代写存在种种风险，可仍有不少

---

① 学者"网购论文"被骗，"论文买卖"竟不违法[N]. 北京日报，2012-05-21（13）.

学生"跃跃欲试"。

一方面，就业难让许多毕业生在毕业论文（设计）的写作答辩时期，不得不投入很大精力奔波于各类招聘面试、各级公务员考试和选调生考试等场合，根本无暇顾及毕业论文的写作；另一方面，一些在校研究生和高校教师为了金钱，加盟一些专门的代写论文公司，替他人代写论文，以此获得不菲的收入。一方有论文需求，另一方有资金需求，供需双方一拍即合。有些人就是看中了这样的市场需求，在供求之间搭了一座桥，形成了一条完整的论文买卖的产业链。而面对如此庞大的论文买卖市场，目前我国尚没有专门的法律禁止这一行为，也就是说，明明知道它的存在，工商、教育、科研等部门却因其"违规不违法"，无法进行清查。

（二）"房奴"博士卖论文[①]

在某门户网站的博客上，有一个名为"SCI论文小铺"的博客，在自我介绍中，博主直言不讳地写道："转让、购买、代写、代发SCI论文。"并且注明："内容涉及（但不局限于）：有机配体及金属配合物的合成、配合物的合成与表征、光物理性质的讨论、纳米性质的讨论、量化计算的讨论。文章可供化学系、材料系、物理系的人使用。"在介绍后面，他还留下了网络联络方式。

据这位博主称，在读博期间自己产出颇丰，完成的论文数量达到两位数，且全部为SCI检索，因此，现在出售的论文档次也基本定位在SCI检索，而且影响因子大于1。他还设计了一个"风险系数极低"的论文买卖流程：文章投出被采用后，利用编辑要求修改文章的空档，发布文章的简要信息，等待买主。在确定买主后，将论文中作者信息、单位及致谢部分修改为买主信息。不仅如此，博主的服务还很周到，可以详细为买主讲解文章的立意、创新点、讨论部分等内容，就这样，文章完全变成了买主自己的文章。如果论文不符合要求，博主甚至称，如果手头数据可以满足对方

① 雷宇，叶铁桥. "房奴"博士卖论文SCI频上榜[N]. 中国青年报，2011-01-19.

要求的话，可以为买家量身定做一篇论文。根据此前媒体采访了解到，在这位博士已经卖出的论文中，有8篇进了SCI索引。

他为什么这样做呢？用他自己的话说："这一切都是为了钱，拜房地产开发商所赐……努力写作中。"原来，这位博主刚毕业，在毕业前做了大量实验，积累了一些实验数据，本来打算拿到新单位发表，用来评职称、申请项目。但最后签到了一个制药公司，不需要做科研了，因此想将手头的数据写成文章，物尽其用。在博文中，他说，"经过对数据的整理，粗略估计可以写成10篇左右的SCI文章，推荐各位高校教师，尤其是急等论文评职称的教师使用。"为了消除购买者的顾虑，他还专门强调，这些数据都是自己亲自做实验、测试得来的，数据的真实性没有问题；同时还保证了保密性，都是利用闲暇时间做实验、测试，除了自己没有人知道这些数据。

网络代写论文

当有记者关注到他的博客，并对这种行为表示质疑之后，他专门写了一篇声明。声明表示，在开这个博客前他查询了相关的法律，"目前并没有相关法律对买卖论文做出规定，根据无罪推定，法律没有禁止的行为不构成犯罪。而且，根据著作权法，论文的作者有权处理本论文，也就是说我卖论文是不触犯法律的，甚至是受法律保护的。"他还自称，曾经有律师朋友认为他可能涉嫌非法经营，"我也查阅了相关的资料……既然法律没有规定论文不得买卖，那我就不涉及非法经营。而且，我只是一个人，并且是稿件的原作者，并不是论文中介，如前所述，著作权法规定我有权处理我自己的稿件。"并一再强调："我是靠本事吃饭，而不是靠骗。"

从这位枪手的情况来看，确实有自己的专长，但事实上，绝大多数通过中介买来的论文，都是学术垃圾。武汉大学信息管理学院沈阳教授曾用反剽窃软件进行查询，发现2007年买卖的论文中72%是全文抄袭，24%为部分抄袭，只有4%的文章不存在抄袭。面对论文买卖日益严重的现象，沈阳教授认为，它"折射出了我国的论文崇拜怪圈是何等的荒谬和可笑"，同时，"以论文论英雄"的学术评价机制难辞其咎。通过购买论文达到职称评审或者获得学位的目的，这种行为已经突破了学术道德的底线，国家应立法管制买卖论文，明确认定其相关法律责任。①

中国工程院院士、四川大学凝聚态物理学科首席教授高洁在给学生讲座时，多次强调要珍惜自己的学术研究生涯，"你的论文存世的时间，可能比你的生命还长，如果抄袭，你的名誉将永远被刻在耻辱柱上！"不管是抄袭、剽窃，还是数据造假、买卖论文，这些行为都是诚信的缺失，是学术道德的缺失。社会主义核心价值观从个人层面对每一公民提出了基本要求，其中一条就是诚信。而诚信落实到科研工作者身上，就是一种职业道德，也就是要遵守学术道德，脚踏实地做学术，不能偷奸耍滑，不能投机取巧，对学术要怀有敬畏之心。

2013年1月1日我国正式实施了《学位论文作假行为处理办法》（以下简称《办法》），对学位论文作假行为情形、学位授予单位和导师职责以及各有关主体作假行为的处罚等方面做出了明确规定。根据《办法》，

---

① 雷宇，叶铁桥. "房奴"博士卖论文SCI频上榜[N]. 中国青年报，2011-01-19（03）.

如果出现以下五种情形，将被认定为学位论文作假。这五种情形包括：购买、出售学位论文或者组织学位论文买卖；由他人代写、为他人代写学位论文或者组织学位论文代写；剽窃他人作品和学术成果；伪造数据；有其他严重学位论文作假行为。对于学位申请人论文作假的，《办法》明确规定：未获得学位者，"学位授予单位可以取消其学位申请资格"；已获得学位者，"学位授予单位可以依法撤销其学位，并注销学位证书"，取消学位申请资格或者撤销学位的处理决定应当向社会公布，并从做出处理决定之日起至少3年内，各学位授予单位不得再接受其学位申请。除了学位申请人员学位论文作假将受到惩治外，对帮忙作假者，《办法》也做出了严厉处罚规定。在校学生为他人代写、出售学位论文或组织学位论文买卖、代写，同样会受到开除学籍的处分。学校或学位授予单位的教师及其他工作人员参与作假，则面临开除处分或解除聘任合同的处理。对于社会中介组织、互联网站和个人，组织或参与学位论文买卖、代写的，将由有关主管机关依法查处，并依照有关法律法规的规定追究法律责任。按照《办法》，指导教师、相关院系领导及相关责任人未尽到相应职责的，也可能被追责。

后 记

　　《军校学员学术道德规范读本》为解放军信息工程大学学术道德专项课题研究成果，可用作军事院校对学员进行学术道德教育的教材和课外读物。在该书撰写的过程中，得到了解放军信息工程大学科研部领导的具体指导，大学学术道德委员会专家们的热情帮助，以及理学院领导和人文社科教研室的大力支持，在此深表谢意。本书的撰稿人为解放军信息工程大学理学院人文社科教研室的教员，具体分工如下：第一章，吴一敏、黄伟；第二章，宋海龙、闫鸿斐、王永生、方青坡；第三章，刘金芝；第四章，秦艳平；第五章，王志远；第六章，左娟；第七章，张晨；第八章，陈露；第九章，张薇、师全民。全书由宋海龙、王永生总负责，闫鸿斐、吴一敏、黄伟、师全民、董国旺、方青坡等参与统稿、修改。

作者

2016年5月

参考文献

[1] 黄富峰，宗传军，马晓辉.研究生学术道德培育研究[M].北京：中国社会科学出版社，2012：28-122.

[2] 张意忠.教授论[M].北京：中国地质大学出版社，2010.

[3] 杨守建.中国学术腐败批判[M].天津：天津人民出版社，2001.

[4] 杜鸿林，王义兴.哲学社会科学论著写作规范与技巧[M].天津：天津人民出版社，2011.

[5] 杨德荣.科学家与科学道德[M].成都：四川教育出版社，1984.

[6] 顾飞荣，彭少兵.SCI论文撰写与发表[M].济南：山东教育出版社，2009.

[7] 中国科协学会学术部.学术建设与自主创新[M].北京：科学技术文献出版社，2007.

[8] 吴学珍.科研道德问答[M].北京：科学出版社，1989.

[9] 王恩华.大学学术失范与学术规范[M].长沙：湖南师范大学出版社，2010.

[10] 高晓清.学术规范的原理[M].长沙：湖南人民出版社，2007.

[11] 杨玉圣，张保生.学术规范读本[M].开封：河南大学出版社，2004.

[12] 李醒民.见微知著：中国学界学风透视[M].开封：河南大学出版社，2006.

军校学员学术道德规范读本